SORTEZ DE LA ROUE
DU HAMSTER

Yann Rivoallan

SORTEZ DE LA ROUE DU HAMSTER

Gagnez 1 000 points de vie pour être plus efficace et plus serein

Robert Laffont

ISBN : 978-2-221-27587-0
Dépôt légal : avril 2025
Éditions Robert Laffont – 92, avenue de France 75013 Paris
info@lisez.com

À Ambre, ma lumière

La flemme

Avez-vous la flemme de lire ce livre ? Alors j'abrège.

Vous n'en pouvez plus. Vous avez l'impression de courir, dans tous les sens, sans avancer. Tout, ou presque, prend l'eau. Vous vous sentez épuisés. Votre téléphone dévore votre temps. Vous ne savez plus dans quel sens gérer vos équipes ou vos clients, assaillis par les urgences. Mais vous avez envie de reprendre le contrôle. De gagner du temps. Et de vous laisser aller à plus de légèreté.

Vous êtes dans la roue du hamster.

Pour sortir de ce petit enfer que nous connaissons tous, vous savez que la recette est simple :

- prendre soin de vous et de ceux que vous aimez ;

- gérer vos priorités en premier ;
- finir ce que vous avez commencé ;
  écouter les autres et fixer des limites ;
- ne pas passer plus de 30 minutes par jour sur les réseaux sociaux ;
- éviter les réunions inutiles ;
- envoyer un minimum de mails ;
- travailler en groupe avant tout, en sachant avancer seuls aussi.

Voilà. Fermez le livre, et appliquez ces principes.

Mince. Vous connaissiez déjà ces conseils ? Et pourtant votre quotidien reste un enfer.

Qu'il est complexe de sortir de ce trou sans fin dans lequel nous tombons, telle Alice au pays des Merveilles. Trouver bonheur et sérénité est une quête, et le chemin est jalonné d'échecs, de victoires, de tristesses et de joies. Nous croyons vouloir sortir la tête de l'eau, et une nouvelle vague nous ensevelit. Nous cherchons du sens, mais tournons en rond, revenant souvent à la case départ. Si la vie a un sens, c'est celui de l'humour.

Dans cette recherche d'équilibre, je pars de loin.

Timidité maladive dans mon enfance et trop grande sensibilité. Sentiment de solitude, complexité à me sentir à ma place, à communiquer avec les autres. Je me réfugiais dans les livres, dans les films ou l'humour. Cette vulnérabilité m'a ouvert une porte artistique, puisque je peignais à 7 ans pour devenir photographe à 20. Qu'il est pratique de se cacher derrière son appareil photo en captant la vie des autres et la beauté du monde. Puis l'arrivée d'un ordinateur dans mon existence m'a révélé qu'avec des lignes de code, on pouvait réaliser des actions surhumaines. Cette passion nouvelle pour la technologie m'a permis de développer mes métiers autrement, jusqu'à cofonder une start-up qui a fait de nous des acteurs majeurs de l'émergence de l'e-commerce dans la mode, dès 2007.

Développer sa start-up est une expérience hors norme.

La rapidité de la croissance, les levées de fonds successives, les recrutements permanents m'ont mis dans un rythme aussi extraordinaire que pesant. Il m'a bien vite fallu apprendre à gérer le volume et la pression pour ne pas plonger dans la spirale infernale du *burn-out*, pour ne pas m'effondrer de fatigue dans la roue du hamster dans laquelle je courais de plus en plus vite. J'ai mis vingt ans à tester des centaines de méthodes, à écouter des milliers de conseils, me formant en permanence, à l'école, auprès de coachs, dévorant des livres par dizaines. Je les ai testés, appliqués, parfois oubliés, puis mis à nouveau en place.

Ma vie professionnelle est désormais consacrée à donner les meilleures armes à la mode aux politiques, à accompagner les marques, tout en formant les entreprises à se transformer pour mieux innover. Alors, pour réussir cette mission, je transmets maintenant la méthode que j'ai élaborée à partir de ces vingt ans d'autoformation. J'interviens dans de nombreuses entreprises, leur permettant d'approcher le juste équilibre entre bien s'occuper de soi, apprendre à gérer la technologie et savoir travailler en équipe au XXIe siècle.

J'ai construit une méthode en 52 étapes, chacune donnant de 5 à 50 points en fonction de leur efficacité.

Appliquez-les toutes, et vous aurez gagné 1 000 points de vie, pour sortir définitivement de la roue ! Chaque étape franchie est un double succès : le bonheur d'avoir réussi, et surtout celui d'avancer. Car « ce qui compte, c'est pas l'arrivée, c'est la quête », comme le chante si bien Orelsan.

Je suis ravi d'avancer avec vous sur cette route.

Le monde a changé, pas nous

Le premier système de cryptage inventé par Alan Turing pour craquer les codes allemands durant la Seconde Guerre mondiale a permis un premier pas : une machine pouvait réaliser des actions inaccessibles à tout être humain. C'était en 1942. Puis, en 1976, les premiers ordinateurs devenaient individuels, avec l'arrivée de l'Apple 1. Depuis, en cinquante ans, tout a changé, sauf nous.

Aujourd'hui, 55 % de la population mondiale a un ordinateur miniature dans la poche, ce qui nous donne le sentiment d'une liberté inimaginable dans la gestion de notre travail, avec la profusion d'information créée... Mais c'est aussi une roue du hamster qui nous enferme et tourne de plus en vite. Car ces cinquante ans d'informatisation nous ont plongés dans une course qui paraît sans fin.

Dans le monde, 5,16 milliards d'individus utilisent le Web. Chaque jour, nous y passons en moyenne 6 heures et 37 minutes. On dénombre 8,58 milliards de forfaits mobiles actifs. Les machines nous battent aux échecs. L'IA nous parle. Mais les journées durent toujours 24 heures.

J'entends chaque jour autour de moi les gens dire le même épuisement, la même lassitude : nous sommes emportés par un rythme effréné. Mail après mail, notification après notification, réunion après réunion, nous courons, les yeux rivés sur l'écran et obsédés par les *deadlines*. Nous avons intériorisé cette cadence, au point de sentir notre énergie et notre temps aspirés par ce tourbillon d'activités parfois dénué de sens. Au point que nous en arrivons parfois à penser que la seule façon de retrouver un semblant d'existence authentiquement humaine serait une belle fuite en avant avec un grand voyage à l'autre bout du monde (*spoiler* : ça ne marche pas).

Pour réussir à vivre sereinement dans ce monde accéléré, nous avons trois étapes majeures à franchir. Elles seront au cœur de mon propos dans ce livre.

La première consiste à comprendre que nous avons un seul véhicule, notre corps, pour parcourir le long et beau chemin de notre existence. Apprendre à s'en occuper est la priorité.

La deuxième passe par une meilleure connaissance de ces outils numériques du quotidien, qui nous asservissent plus qu'ils nous augmentent s'ils sont mal utilisés.

La dernière est relative à l'importance que nous accordons à nos relations : notre entourage, en entreprise, en équipe, nos clients, dans un monde toujours plus productif et exigeant.

Êtes-vous prêts à mettre fin à cette course incessante et à retrouver un équilibre personnel et professionnel plus enrichissant, plus serein ? La promesse, le rêve de ce livre, est simple : vous permettre de vivre dans un environnement de travail où règne le calme.

Let's go.

Partie I

Je m'occupe de moi

Nous n'avons qu'une vie.

Si vous vivez 85 ans, vous aurez 31 046 jours pour profiter de votre existence. Désirez-vous les vivre sereinement ? En bonne santé ? Alors, comment prioriser ? Comment s'occuper de soi, vivre pleinement, se sentir aligné ?

Savoir dire « non », vivre pleinement un égoïsme aussi simple que généreux, trouver les clés pour faire du sport au quotidien, dormir d'un sommeil réparateur, trouver l'énergie de se lancer dans des nouvelles expériences ? **Tout ce que nous pouvons faire ou rêver de vivre, nous pouvons l'entreprendre.** Bien sûr, il faut de l'audace ; celle qui transmet une belle énergie, une puissance presque surnaturelle et des moments magiques.

Cette audace vient en s'engageant.

Savoir s'occuper de vous vous fera gagner plus de **400 points** de vie, en 23 étapes. Mais avant toute chose, commencez par faire un premier pas.

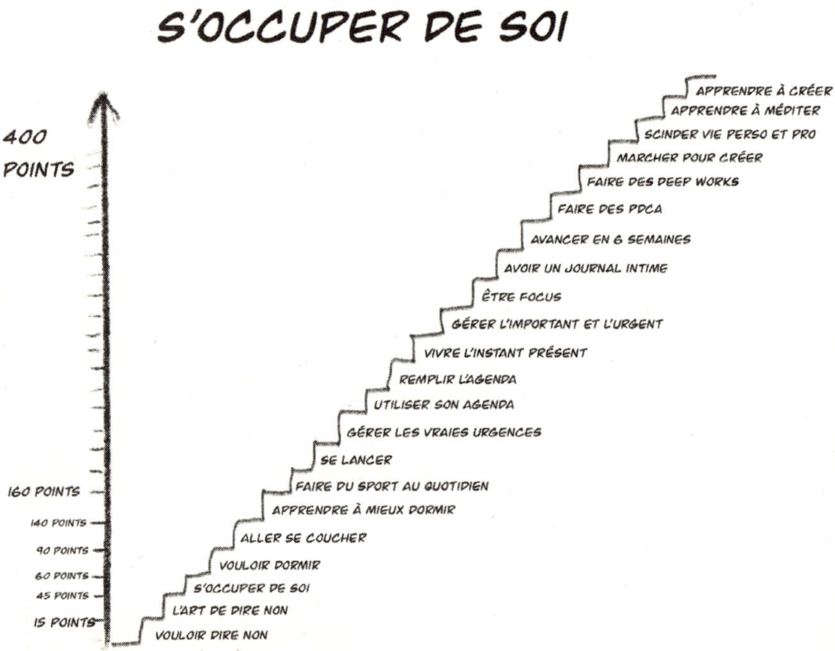

1

Free

« Oui, je vais le faire. »

« Oui, je t'envoie cela dans 30 minutes. »

« Oui, je viens à la réunion. »

« Oui, je bosserai ce week-end. »

Pourquoi je dis « oui » à tout le monde ?

Pourquoi ai-je dit « oui » sans réfléchir ?

Réflexe de convention sociale ou volonté de me faire aimer artificiellement ?

Car je suis déjà sous l'eau. Comment vais-je faire pour réaliser ce qu'on m'a demandé ?

Dire « oui » est facile.

Le « oui » donne l'impression de faire plaisir, il permet de s'oublier en suivant les désirs d'autrui ou de donner la sensation d'être aimé et accepté. Il séduit artificiellement, parfois par calcul arriviste. Bien sûr, il en serait tout autrement si nous vivions dans un monde infini où les contraintes de temps n'existent pas. Mais, en réalité, le « oui » à tout le monde est l'antichambre de l'enfer : on y brûle sous les flammes de la déception quand on n'a pas su réaliser les promesses insensées, on y épuise son âme et son corps à imaginer des projets absurdes, on s'y déchire l'esprit entre des arbitrages illogiques, souffrant de laisser nos priorités à l'abandon, au profit d'une énergie dingue dépensée dans un projet de m… jusqu'à se regarder comme une m… dans la glace. Donc :

Oui = autodestruction

Bien sûr, on a tous peur de dire « non ».

Peur de décevoir, peur de rater une opportunité, peur du conflit. Et puis un jour, on vit un *burn-out* et on a peur pour sa propre vie. Ça remet les priorités à leur juste place. Il faut dire « non ». Dire « non » est radical, simple, clair. C'est la fin du jeu et c'est très bien. Votre vie existait avant cette demande, celle de votre interlocuteur aussi ; et elles continueront d'exister de la même manière après votre refus. Ne rien faire est simple. Mais dire « oui » est plus simple encore.

Savoir qu'il faut dire « non » est la première étape essentielle pour sortir de la roue. Vous gagnez **15 points** de vie en le découvrant. L'étape suivante est d'apprendre comment le faire.

Êtes-vous prêts à lire la suite ? (Dites-moi « oui », s'il vous plaît, merci.)

2

L'art de dire « non »

« NON. » J'ai répondu avec une voix aussi sèche que brutale. J'ai vu l'air effaré de mes associés. Nous étions devant un fonds d'investissement, nous cherchions à lever 1 million d'euros, et j'ai balancé ce « non » qui nous a fermé les portes d'un financement essentiel. Ce « non » était légitime, pourtant.

Mais il fallait le dire autrement.

À force de dire « oui » à tout le monde, j'ai mis du temps à comprendre *comment* dire « non ».

C'est chaque jour plus complexe. De plus en plus de sollicitations, d'opportunités, de demandes des équipes qui désirent de l'aide ou des validations. Puis j'ai appris. Ma phrase préférée est devenue, à chaque demande : « Je comprends que tu as besoin de [cela], je trouve cela crucial pour [ceci]. Mais je ne peux le faire car je priorise [ce sujet]. » Sans justification. Avec simplicité et écoute.

Le « non » exprimé vous fera grandir, gagner en autorité, et élèvera celui qui a fait la demande – nous avons tous besoin de limites, quel que soit notre rôle.

Un « non » nous engage. On prend le risque de manquer une opportunité, certes, mais ce renoncement peut aussi protéger notre entourage. Croyez-vous qu'une soirée passée à répondre à une demande urgente aide à élever ses enfants ? **Chaque « non » est exemplaire pour soi et pour les autres.** Il donne des règles claires, il valorise nos engagements. Il nous permet d'aller au bout de choix antérieurs, plus tactiques ou importants, et ainsi d'exprimer une des plus belles valeurs : la loyauté.

Un « non » crée un désir ardent ; un manque stimulant, parfois énervant, chez l'autre. Il challenge, obligeant le demandeur à se dépasser, à s'ancrer, à poser les sujets avec recul pour mieux convaincre. Vous rêviez d'être désiré : dites « non ».

Vous jugez encore que votre refus est un caprice, un cri de l'ego ou un élan de fainéantise ? Mais à l'inverse, la demande de votre interlocuteur n'est-elle pas celle de quelqu'un qui délègue ce qui ne doit pas l'être ? Apprendre à dire « non », c'est aussi amplifier notre empathie et développer nos antennes pour détecter la mauvaise foi des autres ou les moments où ils essaient de nous enfumer.

Dire « non » va changer un système n'existant que par habitude. Que va-t-il se passer si vous refusez une réunion parce que vous n'êtes pas disponibles ? Un autre horaire ou une autre façon d'échanger seront mis en place. Tout est toujours possible. Souvenons-nous de notre résilience quand il a été impossible de se voir durant la pandémie. Nous avons trouvé de nouvelles solutions structurelles pour faire fonctionner le monde.

Voici la meilleure méthode pour dire « non ».

Quand la demande est orale, prononcée les yeux dans les yeux, il peut être d'autant plus délicat d'opposer un refus à votre interlocuteur. Ses arguments vous touchent, mais vous ne pouvez pas satisfaire sa requête.

La méthode est simple : répétez sa demande avec vos propres mots pour le rassurer et le conforter dans l'idée qu'il a été écouté, il a besoin d'être sûr que vous avez bien compris. Explicitez ce que vous devriez effectuer pour répondre à sa demande, afin qu'il prenne conscience des conséquences de cette dernière. Puis exprimez votre indéfectible refus, avec calme et sourire. Ne vous justifiez jamais avec des arguments fallacieux comme : « Je manque de temps. » Cette excuse, souvent utilisée, est toujours fausse.

Nous ne manquons pas de « temps ». Nous choisissons de prioriser d'autres sujets personnels ou professionnels. Et c'est notre droit.

Si une personne vous fait une demande par écrit et que vous ne la connaissez pas, répondez par le même canal. Au fur et à mesure de vos refus, vous allez créer des messages types que vous pourrez réutiliser.

Une exception à ces réponses par écrit : si la demande vient d'un proche, exprimez toujours votre refus à l'oral. Cette façon d'agir est à la fois plus polie et surtout bien plus efficace. L'émotion créée par le son de votre voix atténuera la violence du refus, de même que le fait de consacrer quelques minutes à écouter la demande. Par ailleurs, parfois le dialogue fait émerger de nouvelles informations qui permettent à une solution d'émerger, dans le cadre des limites que vous aviez fixées par votre refus initial.

Mais il convient d'être efficace et, pour cela, d'appliquer la **règle des 3 C.**

Soyez courts, clairs, avec célérité. Lorsque vous êtes concis, votre interlocuteur comprend mieux votre propos car il a moins d'informations à retenir. Je vous encourage donc à prioriser les raisons de votre refus, ce qui vous permettra d'être d'autant plus clairs. Essayez aussi de dire votre « non » le plus rapidement possible. L'attente crée de la frustration, des espoirs d'autant plus déçus. Elle peut aussi témoigner d'une certaine lâcheté ou d'un manque de professionnalisme.

La règle du « non » a son pendant positif : trouvez les sujets sur lesquels vous souhaitez toujours dire « oui ». Ceux qui vous font plaisir, car la vie est trop courte pour ne pas vivre ses joies. Ceux qui sont stratégiques pour votre carrière, quand le « oui » peut avoir un impact dans dix ans.

Savoir dire « non » nous donne un temps infini.

Savoir dire « non » nous rend responsables.

Savoir dire « non » nous rend pédagogues.

Savoir dire « non » maintenant nous permettra de dire « oui » après.

Savoir dire « non » vous donne **30 points**. Alors, c'est oui ou non ?

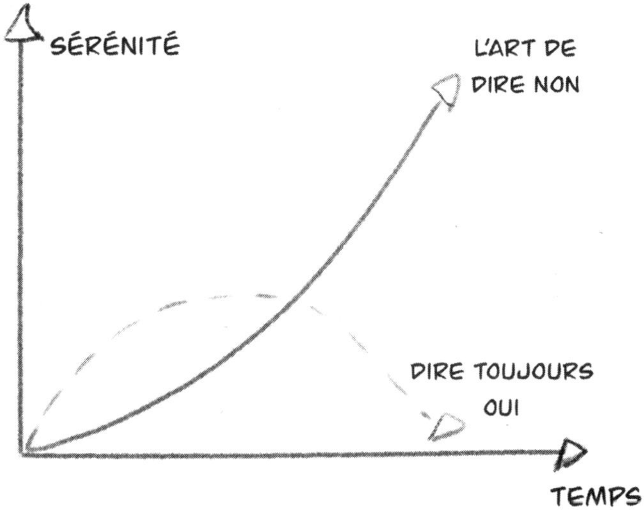

3

Et moi, et moi, et moi

6 h 45. Dix secondes après m'être réveillé, je reçois un mail sur mon BlackBerry d'un client qui a besoin de mes services. Je suis déjà en train de répondre à sa demande, pas encore lavé ni même habillé. Je suis déjà fatigué, entre les urgences d'hier soir qui m'ont empêché de dormir et l'impression de subir tous les problèmes des autres dès la première heure.

Chaque mail est souvent vécu comme un nouvel ordre, une nouvelle injonction dictés à notre cerveau.

Sommes-nous corvéables à merci par nos clients, collègues, patrons ? Après l'extase d'avoir eu la sensation de devenir omniscients et tout-puissants avec le numérique, nous vivons depuis l'arrivée des écrans avec un stress et une fatigue numériques qui, eux, sont bien désormais omniprésents. Toujours épiés, toujours voyeurs, en permanence sur les réseaux sociaux, nous vivons avec le regard des autres, qui nous incite à agir pour leur plaire ou ne pas leur déplaire.

Parallèlement, le nombre de réunions a explosé, réelles comme virtuelles. En 2023, les cadres passaient en moyenne plus de 50 % de leur semaine en réunion, et on estime que ce chiffre continuera d'augmenter d'environ 34 % d'ici à 2027. Nous virevoltons de Zoom en salle pour échanger des informations parfois stratégiques, souvent inutiles.

Dans ces cages dorées numériques, dans ces environnements professionnels abscons, qu'il est aisé de cesser de s'écouter, aisé de faire appel au pire de soi-même, de n'avancer qu'à coups d'ego, s'épuisant jour après jour pour les autres en oubliant de penser à soi. Et de perdre ainsi les **15 points** que vous auriez facilement gagnés en vous priorisant.

La solution : devenez égoïstes. Oui, occupez-vous de vous en premier. Pensez à vous. Soyez vous.

4

Mettez votre masque à oxygène avant d'aider les autres

« En cas de dépressurisation de la cabine, un masque à oxygène tombera automatiquement devant vous. Si vous accompagnez un enfant ou une personne qui a besoin d'aide, mettez votre propre masque d'abord avant d'aider l'autre personne. »

Si je vous disais que chaque pas vers vous-mêmes vous mènera vers une plus grande générosité ? Cela est contre-intuitif. Et pourtant !

S'occuper de soi, c'est préserver sa santé, se rendre de meilleure humeur, éviter le *burn-out*, devenir ainsi plus bienveillant envers soi et, finalement, envers les autres.

S'occuper de soi-même, c'est être exemplaire. Quand je travaille bien, les autres me demandent conseil. Quand je crée, ma dimension artistique résonne dans le cœur de ceux qui m'entourent. Quand je me sens heureux, je suis plus à l'écoute de mes proches, je ressens mieux mes émotions, je rêve plus, je vis plus.

Être soi, réellement soi, est toujours inspirant.

Se consacrer du temps améliore sa clarté mentale et sa prise de décision. Cela permet de mieux gérer les situations stressantes et de trouver des solutions plus rapidement et plus efficacement. Quoi de plus agréable pour vous et votre entourage ? S'occuper de soi, puis penser aux autres, c'est devenir pédagogue. **On ne sait transmettre que ce qu'on sait faire.** Savoir être simple, c'est saisir la complexité des sujets et trouver les chemins.

L'écriture de ce livre me révèle l'exigence que demande le fait de me mettre à l'écoute de moi-même. Comprendre comment je fonctionne depuis des années, saisir mes failles et ma façon de les gérer ; appréhender ma volonté de transmettre en toute humilité, de donner sans attendre en retour, d'écouter les retours avec recul et opiniâtreté.

Devenez généreux. Occupez-vous de vous.

5

Back to basics

J'ai bossé jusqu'à 2 heures pour rendre une présentation urgente. Réveil à 7 heures. Amener mon corps fatigué et mon cerveau éteint au bureau n'a pas été aisé. La journée sera trop intense, je ne suis qu'à 50 % de mes capacités. Je prendrai un retard culpabilisant que je tâcherai d'atténuer en bossant à nouveau le soir, et la nuit. Je me coucherai le cerveau agité et encombré, ce qui rendra difficile l'endormissement. Toute ma semaine sera à l'image de cette journée sans fin, pour me conduire à m'écrouler vendredi soir à 19 heures sur mon divan, littéralement exténué. Vais-je travailler le week-end ? Ai-je le choix ?

Le manque de sommeil est mon pire problème, et ses conséquences sont douloureuses.

Le pari de dormir moins n'est jamais en ma faveur : il me semble que chaque fois que je sacrifie une heure de sommeil, le lendemain, je le paie par 2 heures de fatigue et d'inefficacité. Un cercle vicieux de travail inefficient, de sommeil sacrifié, de culpabilité augmentée, d'esprit et de corps épuisés.

Mes deux seules façons de trouver de l'énergie sont dans l'absorption exagérée de café et de pseudo-excitants intellectuels sur les réseaux sociaux, à regarder du contenu sans intérêt pour maintenir mon cerveau allumé. L'art de garder ses yeux ouverts en perdant son temps, dans un corps ultra-caféiné et sous dopamine.

Briser ce cercle a été complexe.

Tout est venu d'une prise de conscience : **nous n'avons qu'un corps, et entretenir notre véhicule est la seule façon de bien avancer sur la route**. J'ai cessé d'avoir cette croyance qu'une vie réussie se déroule sans sommeil, comme aiment à le faire croire tant d'hommes politiques enveloppés dans le mythe d'un sommeil court et efficace.

J'ai compris qu'entretenir son corps et sa santé est la clé de tout. Que la première étape pour y arriver est dormir, et qu'en prendre conscience fait gagner **30 points**.

Savoir dormir est le premier amplificateur du bonheur.

6

I go to sleep

« J'ai l'impression qu'aller me coucher, c'est mourir. » Je viens d'entendre cette phrase, elle me glace. N'aurais-je pas la même croyance ? À 22 heures, au lieu de me coucher, je suis encore sur mes mails. Ou je regarde une série. Ou je perds du temps sur mon téléphone. Je suis fatigué, et je fais tout pour ne pas dormir.

1988 : l'année où les Français ont commencé à se coucher plus tard. L'émission *Ciel, mon mardi !* est la première grande émission télé de seconde partie de soirée. Énorme succès. Elle finit à minuit. On se couche tard pour la regarder.

2024 : nos écrans, entre Netflix, Instagram et autres joyeusetés, ont perturbé notre sommeil. Leur lumière bleue est bien moins poétique

que les mots bleus de Christophe. Elle perturbe notre production de mélatonine, l'hormone du sommeil. La dopamine déclenchée par le suspense haletant des séries ou par les contenus faciles à consommer des réseaux tue notre envie de nous laisser aller dans les bras de Morphée.

Nous savons tous qu'**un sommeil réparateur améliore la concentration, développe une mémoire mieux ancrée, stimule une créativité enthousiasmante, équilibre nos émotions** parfois malmenées. Plus encore, des habitudes de sommeil saines promettent une meilleure santé générale et une espérance de vie allongée.

En écoutant mes amis entrepreneurs soumis à de rudes épreuves professionnelles – ils sont nombreux –, j'ai décidé de faire miens les trois points communs qui revenaient chez ceux qui dorment d'un profond sommeil. Et ça marche.

J'ai commencé par arrêter de travailler 2 heures avant de dormir, pour calmer le cerveau. À 22 heures, je coupe. C'est dur. Puis j'éteins tout écran 30 minutes avant de me mettre au lit.

J'ai aussi pris l'habitude d'avoir une chambre fraîche et rangée pour me sentir serein dans ce lieu intime. Ayons la petite rigueur de tout ranger pour éviter d'avoir mille trucs qui traînent, et gardons nos fenêtres entrouvertes si notre environnement le permet.

Enfin, j'ai retrouvé le plaisir de mon enfance : lire avant de m'endormir. Chaque livre me fait tout oublier, apaisant mes dernières excitations, me permettant de m'évader, m'ouvrant à de nouvelles idées aussi poétiques qu'enrichissantes. Parfois, je dépose dans mon journal mes pensées profondes.

Vous avez perdu l'habitude de lire ?

Comment reprendre un livre ? Testez les bandes dessinées ou les nouvelles : plus courtes, elles permettent de se plonger aussi vite dans une histoire, avec le plaisir d'en trouver la fin avant même que la fatigue ne vous assaille. Ou simplement, contentez-vous de lire cinq pages par soir. Qui a dit que vous deviez lire vite ?

Dormir a transformé mon quotidien.
Dormir a amplifié ma vie.
Dormir donne **50 points**, qui sont essentiels.

Ne renoncez plus à dormir. Faites du sommeil votre plus grand bonheur.

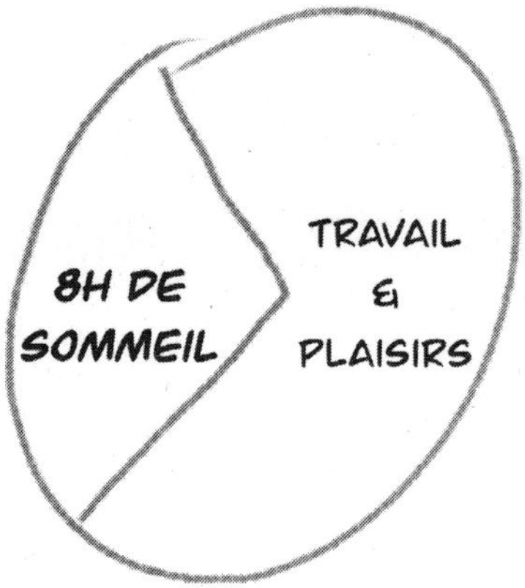

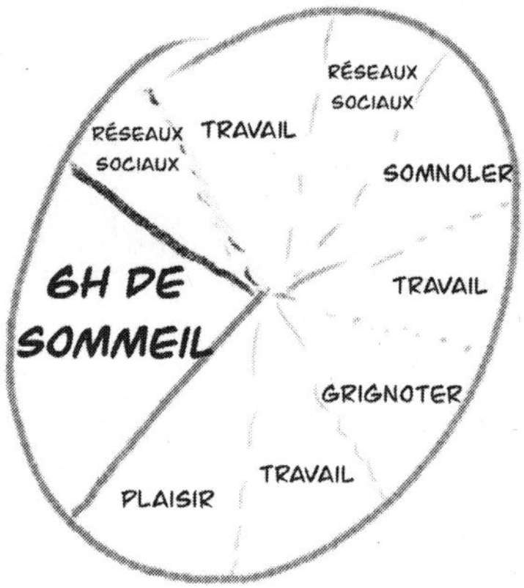

7

Stop and go

Je viens de finir de coder un nouveau programme. Il est 4 heures du matin. Je suis très fier, mais demain j'ai un rendez-vous à 8 heures. Vais-je tenir ? Non.

Étape suivante : comment arrêter toute activité professionnelle le soir ? Ou ne pas relancer un épisode d'une série ? Le tout bien avant d'aller se coucher.

Nos pires ennemis peuvent devenir nos meilleurs alliés.
Utiliser les modes de concentration sur les outils numériques est la base.

Le programme « Retour au calme » invite à tout éteindre. J'ai appris à l'écouter immédiatement, en me permettant de finir mes actions en cours si cela ne me prend pas plus de 3 minutes. Puis mon téléphone et mon ordinateur passent en mode Repos, ce qui ferme l'accès à toute notification et application en fin de soirée.

Et si j'ai besoin d'encore un peu de temps avant de tout couper ?

Je note ce que je suis en train de faire avec les idées phares que j'ai en tête. J'inscris les autres sujets à travailler et les bribes de pensées à ne pas oublier. Ainsi, je ferme la porte de ma journée, laissant derrière moi une pièce un peu rangée, prête à être utilisée au mieux le lendemain. Ce n'est jamais parfait, bien sûr. Mais la magie de la nuit va continuer le rangement. Mes idées seront aussi fraîches et reposées que mon corps le lendemain, avec une nuit qui m'aura porté conseil.

Ma montre connectée m'a aidé à améliorer mon sommeil. J'ai pu découvrir au fur et à mesure les gestes à faire pour améliorer mon sommeil, comme :

- limiter au minimum l'alcool – même un verre ;
- trouver le meilleur horaire d'endormissement et de réveil ;

- comprendre mes réveils nocturnes pour mieux les relativiser ;
- savoir me lever à la même heure chaque jour, pour habituer mon corps à cette régularité apaisante.

Apprendre à se coucher est l'antichambre parfaite d'un sommeil réussi. Le gain est important : **25 points**.

8

I'm gonna learn how to fly

Je suis déjà à la bourre sur tous mes projets. Comment réussir à trouver le temps de faire du sport ? Impossible.

J'ai commencé à faire du sport pour perdre un peu de poids. Et cela m'a apporté bien plus que des kilos en moins.

Sur le papier, on sait tous que l'activité physique booste l'énergie, aide à gérer le stress (grâce à la libération d'endorphines), améliore la concentration, la qualité du sommeil, la confiance en soi, facilite les interactions sociales… Et en plus, on vit plus longtemps.

Mais comment en faire ?

J'utilise le meilleur du numérique pour faire du sport. **Chaque matin, je réserve entre 10 et 30 minutes à une activité physique avec un professeur corvéable à souhait qui ne me coûte presque rien : mon smartphone.** Ma pratique sportive s'est concrétisée au quotidien avec des applications de sport ou des vidéos choisies au préalable.

Pourquoi ça marche ?

Suivre les gestes proposés et connaître la durée de la séance permet de ne pas avoir à réfléchir, au contraire d'une séance à concevoir soi-même. Les algorithmes assurent la diversité des exercices et leur efficacité. Ces applications ne jugent pas, elles sont toujours disponibles quand nous en avons besoin, elles nous conseillent certes froidement, mais sont toujours à l'heure et elles ne sont pas chères. Bref, cela me correspond.

Cela m'a ouvert la porte à de nombreux autres sports que je pratique régulièrement, comme le yoga, la boxe ou la natation. Mon seul critère : passer un moment de plaisir.

Aucune méthode de priorisation des tâches, de gestion d'agenda ou de rangement ne vous servira si votre chair et vos neurones ne sont pas efficients. Nous ne le découvrons que le jour où ils nous lâchent.

Faire du sport, faire battre votre cœur plus fort, vous créer du muscle… tout cela vous fera gagner **30 points**.

Alors soyez bons avec vous-mêmes : *move your body*.

9

5, 4, 3, 2, 1, *go*

Les jours se suivent et se ressemblent. Toujours l'impression de ne pas avancer, de recommencer le même projet, de devoir régler des problèmes sans fin, de passer des heures à gérer des clients, collaborateurs, investisseurs. Comment faire pour s'en sortir ? Par quoi commencer ?

Combien de fois me suis-je promis de prendre du repos, d'apprendre une nouvelle langue ou de renouer avec ma passion pour la photographie ?

Malgré cette forte envie de prendre un peu de distance avec ma vie professionnelle et de faire quelque chose pour moi, il suffisait d'un mail pour me replonger dans cette routine épuisante, me laissant ce lancinant sentiment de stagnation. Chaque soir, je m'endormais en me disant que, le lendemain, je changerais.

Ma procrastination a été une source de douleur infinie. Le report d'actions m'a bien sûr fait perdre du temps, des opportunités, mais, avant tout, il a brisé mon estime de moi. Vivre ses rêves est enthousiasmant, mais rester dans l'illusion qu'ils pourraient exister est une source intarissable de frustration.

Mes retours de vacances ont provoqué de profondes transformations. À chaque « rentrée », j'ai vu l'occasion d'un nouveau départ. Les deux plus structurants ont été de décider de quitter ma boîte pour en créer une nouvelle et de commencer une thérapie pour mieux me connaître intimement, pour donner un nouvel élan à ma vie, qui me semblait tourner en rond.

Mais pourquoi attendons-nous les rentrées et les nouvelles années pour nous permettre de vivre de nouveaux rêves ? J'ai décidé de faire évoluer ce concept en me donnant des dates symboliques pour tous les changements d'ampleur que je prévois de mettre en place dans ma vie. Créer un jour, une heure, une minute pour stopper cette roue qui n'en finit pas de tourner et lancer une nouvelle habitude.

Cette date a toujours une signification forte : par exemple, le premier jour du printemps, pour évoquer le renouveau. À chaque changement que je juge important, je crée ce nouveau départ. J'ai mille exemples : apprendre un nouveau sport, créer des nouvelles habitudes alimentaires, lancer un projet professionnel innovant, étudier des connaissances complexes, déménager… Ce repère devient une ancre, un passage entre deux périodes de ma vie, l'occasion de se souvenir d'un passé révolu pour ensuite mieux vivre un présent transformé et un futur enchanteur.

Je ne crée pas de nouveaux départs tous les quatre matins. Mais chaque jour, je sens que je dois me donner des coups de boost. Car la flemme épuisante ou les angoisses paralysantes surgissent à tout instant. J'applique alors la règle des 5 secondes de Mel Robbins[1].

1. Mel Robbins, *La Règle des 5 secondes*, J'ai lu, 2019.

Objectif : agir, sans se donner le temps de douter, de réfléchir ou de remettre à plus tard. Pour cela, elle propose de compter à rebours de 5 à 1, puis de passer immédiatement à l'action. 5, 4, 3, 2, 1, *go*.

Vous voulez tester ?

Une tâche vous trotte dans la tête en ce moment ?

Posez ce livre.

5, 4, 3, 2, 1, *go*.

Quand j'ai besoin de plus d'énergie, de sentir une force intérieure, je plonge dans les classiques du cinéma. Ce sont mes boosters. Par exemple, un *Gonna Fly Now* et je suis à fond (c'est la bande originale de *Rocky*, composée par Bill Conti, avec cette scène magique où Rocky monte les marches du Philadelphia Museum of Art). Trouvez votre musique repère – elle se cache souvent dans votre histoire personnelle. Quelle est la musique que vous avez adorée à 13 ou 14 ans, qui vous donnait une merveilleuse pêche ? Vous l'avez ?

Parfois il est plus simple de s'accrocher à ses habitudes et de laisser la peur nous paralyser. La peur de l'échec, du jugement, et certaines émotions négatives comme l'anxiété, le stress ou la frustration peuvent être des obstacles importants. Je l'ai vécu maintes fois pendant l'écriture de ce livre.

Surmonter ces difficultés a été un travail de longue haleine.

Ces méthodes, en me poussant à l'action, me permettent d'avancer avec régularité au quotidien. Mais parfois, j'ai aussi senti des blocages plus profonds, que seul un travail thérapeutique m'a permis de dépasser en apprenant à penser à moi et en me découvrant plus intimement. Mon psy et toutes les heures passées à échanger avec lui ont été un magnifique investissement pour mon bien-être. En comprenant nos ambiguïtés, en saisissant la force de l'inconscient, nous avons le pouvoir de travailler sur notre esprit.

Vous aussi avez maintenant la capacité d'avancer en quelques secondes. Qui vous feront gagner **25 points**.

Prêts pour ce nouveau départ ?
5, 4, 3, 2, 1, 0. *Go*.

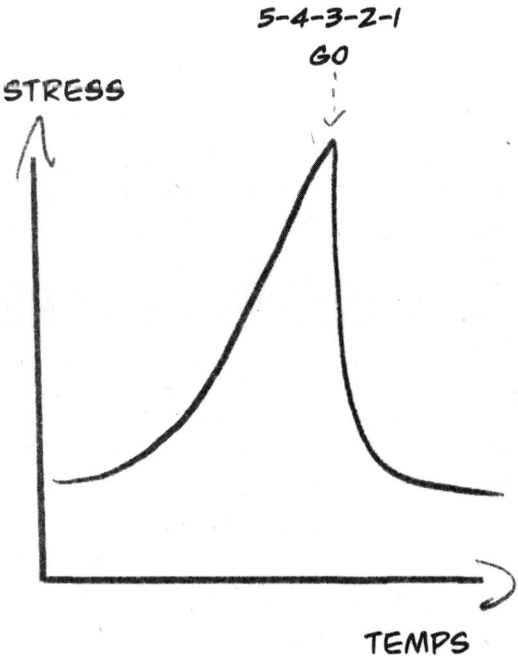
5-4-3-2-1
GO
STRESS
TEMPS

10

Urgent

Je viens d'avoir une nouvelle demande de mission dans mon cabinet de recrutement. Le client angoissé me hurle que c'est une recherche de profil hyper-urgente, et que s'il n'a personne ces prochains jours, il ne sait pas comment il va faire. Il va falloir que je gère. Seul souci, j'en ai 27 autres, des urgences. J'ai déjà créé un dossier « Urgent », un dossier « Très urgent ». Est-ce que je dois créer un dossier « Très très urgent » ?

Chacune de ces injonctions ne fait qu'ajouter du stress qui apporte de la confusion et m'empêche de travailler. Que faire ?

Nous avons tous cette sensation que le monde s'accélère et que, jour après jour, on nous demande systématiquement de répondre à de plus en plus d'urgences, ce qui nous fait dire quotidiennement : « Je suis sous l'eau. »

Cette sensation peut, dans le meilleur des cas, nous faire nous sentir utiles, et occuper notre esprit ; mais, dans son pendant négatif, nous avons l'impression d'être écrasés par le poids des choses à accomplir, sans pouvoir respirer et nous retrouver. Pour en sortir, à nous de réaliser nos tâches dans des temps records et avec une qualité optimale.

Au début, il m'a été agréable d'éprouver ce sentiment d'urgence, la décharge d'adrénaline me donnant presque un sentiment d'invulnérabilité. Le stress n'est pas qu'un élément négatif. Il permet d'avoir l'esprit plus vif, d'avoir des réflexions plus pointues et une meilleure vision d'ensemble, le sentiment du pompier devant agir au mieux et au plus vite pour sauver la maison incendiée.

Avec le temps, l'excès de stress a été destructeur.

La longueur de ma liste d'actions à lancer me faisait perdre pied. Je me sentais prisonnier d'un monde où des fontaines de data projetaient leurs contenus sans fin, accompagnées d'injonctions contradictoires et pressantes. Nous sommes constamment en recherche de nouvelles informations, nous sentant obligés de grimper sur cette montagne de données, poussant nos rochers numériques, tels des Sisyphe des temps modernes. Résultat, tout est désormais urgence. Des fausses urgences.

La majorité de ce que nous appelons des « urgences » n'en est pas. Ce sont seulement des actions dont nous voulons nous débarrasser au plus vite.

Respirons, le monde est rempli de ces injonctions épuisantes. La plupart du temps, quand on nous demande de tout arrêter pour faire face à une « urgence », c'est uniquement à cause d'une mauvaise perception de notre interlocuteur.

Une urgence nous met au bord du gouffre.

Nous la vivons chaque fois que nous savons que les décisions que nous allons prendre dans les minutes qui viennent peuvent bouleverser notre carrière ou changer le destin de notre entreprise. Désormais, je catégorise comme tâches urgentes seulement celles qui, si elles ne sont pas traitées dans les prochaines minutes ou heures, entraîneront des surinvestissements considérables ou des actions chronophages.

Alors, ne soyez concentrés que sur les vraies urgences.

Une urgence professionnelle :
- sauve une carrière ;
- sauve une entreprise.

Une urgence est une action devant être prise dans les secondes qui suivent, sans quoi elle aura des répercussions au décuple ou au centuple du temps nécessaire pour y faire face.

Une urgence est une action qui ne peut être entreprise que par vous, car vous seul avez l'expertise ou la responsabilité de son exécution.

Savoir définir une vraie urgence vous donnera **20 points**.

La vie m'a appris l'urgence ultime : l'urgence vitale.

Quand chaque seconde compte pour sauver une vie. J'ai reçu un jour un mail d'un collaborateur m'annonçant sa volonté de se suicider. Le monde s'est arrêté. Il a été sauvé. En quelques minutes. En urgence. Mais durant 30 minutes, entre mes appels à la police et mes tentatives pour le joindre, plus rien d'autre n'a existé. Ceux qui ont traversé de tels événements le savent au fond de leurs tripes.

Dans ces moments-là, chaque seconde vaut plusieurs milliers de points.

11

If you start me up, I'll never stop

Tout est urgent. Ou très urgent. Ou très très urgent. Ou très très très urgent.

Comment hiérarchiser la demande de notre collègue, de notre client, de la maîtresse de notre fils et des vacances à organiser ? Comment savoir prioriser, dans nos vies dont les sphères professionnelle et personnelle se mélangent allègrement, dans nos outils aussi divers que changeants, dans nos existences aussi physiques que virtuelles ?

J'ai défini quatre unités de temps pour gérer mon agenda :

- **ce que je dois réaliser dans la journée** ;
- **dans la semaine** ;
- **dans 6 semaines** ;
- **ou… un jour, peut-être**.

Ma méthode est simple.
- Tracer quatre grandes colonnes pour chacune de ces unités de temps.
- Lister tous les sujets qui occupent l'esprit et chaque tâche à réaliser.
- Placer chaque action dans l'agenda. On met toujours instinctivement celles qui sont urgentissimes dans les 24 heures, et celles qui sont urgentes dans la semaine. Question de survie, je crois.
- Pour chaque action, ajouter les lieux et les éventuels temps de trajet. Cela permet de regrouper ses rendez-vous, de visualiser où l'on va télétravailler, d'anticiper des appels durant ces déplacements.
- Puis indiquer les tâches récurrentes simples : cours de sport, sorties d'école de nos enfants… et tous travaux génériques comme « Lire ses mails ».
- Placer ensuite dans l'agenda chaque mission à réaliser dans la semaine. Astuce : y inscrire des actions le plus simple possible, celles qui prennent entre 30 minutes et 1 heure.
- Et quand il ne reste plus de place dans l'agenda ? Que faire des obligations

restantes ? Les noter au prochain créneau libre ? Surtout pas ! Je vous conseille de les laisser sur votre feuille de papier. Il est inutile de les placer dans 3 semaines ou plus, car d'ici là, il se passera mille incertitudes non maîtrisées, et de nouvelles urgences. C'est l'occasion de s'apercevoir que ces tâches non positionnées ne sont plus aussi importantes et urgentes qu'on l'imaginait quelques minutes avant.

À la lecture de mon agenda, des taquins m'ont souvent demandé si je mettais les moments où je vais aux toilettes. La réponse est négative, pour info…

Un agenda vous ramène dans la réalité du temps, détruisant vos distorsions temporelles, vous apprenant à tout relativiser. Avec un planning organisé, vous allez gagner **15 points**.

Il vous remet les pieds sur terre et vous aide à vivre l'instant présent.

12

Trop d'infos tue

Tous les jours, nous recevons ***34 gigaoctets d'informations****, soit environ* ***100 000 mots*** *venant de sources aussi diverses que les réseaux sociaux, les messages, les mails, les actualités, la publicité. Les écrans, nos écouteurs et mille autres objets nous assaillent. Notre cerveau doit en permanence trier, comprendre et, parfois, réagir à ces informations. Jusqu'à frôler l'épuisement.*

Tout objectif flou conduit sans surprise à faire une connerie précise.
De même, toute pensée sans mots écrits entraîne un embouteillage cognitif.

J'ai une mémoire qui fonctionne de manière très relative. Au fur et à mesure des années, j'ai eu la sensation que le trop-plein d'informations ou d'actions m'a obligé à sortir régulièrement de mon cerveau toutes les informations professionnelles et personnelles, comme pour mieux l'aérer, le ranger, pour gagner en légèreté et mieux le remplir.

« Vider son cerveau » est une obligation pour beaucoup d'entre nous, afin de réduire notre charge cognitive. En externalisant la mémorisation d'informations et la gestion des tâches quotidiennes, nous allégeons cette charge qui, année après année, peut nous sembler de plus en plus lourde.

Tenir un agenda permet de ne pas avoir à garder en permanence dans un coin « disponible » de son cerveau ce qu'on doit faire demain, dans un mois, dans un an.

Je note dans le mien tout ce que j'ai à faire.

Immédiatement.

Dès qu'un rendez-vous est prévu, un restaurant réservé, ou tout autre événement envisagé, j'en inscris immédiatement le lieu, j'invite les personnes qui m'accompagneront et tout autre détail qui devrait être mémorisé. *Idem* si je dois appeler quelqu'un : je note l'horaire et le temps prévu pour cet appel, et j'envoie à l'autre personne une invitation dans son agenda. Dans l'instant.

Cette rapidité à inscrire chaque information dans votre agenda, qu'il soit papier ou numérique, est la clé de votre rigueur et de votre tranquillité d'esprit, tout en vous faisant gagner **5 points**.

Videz votre cerveau pour voler plus léger.

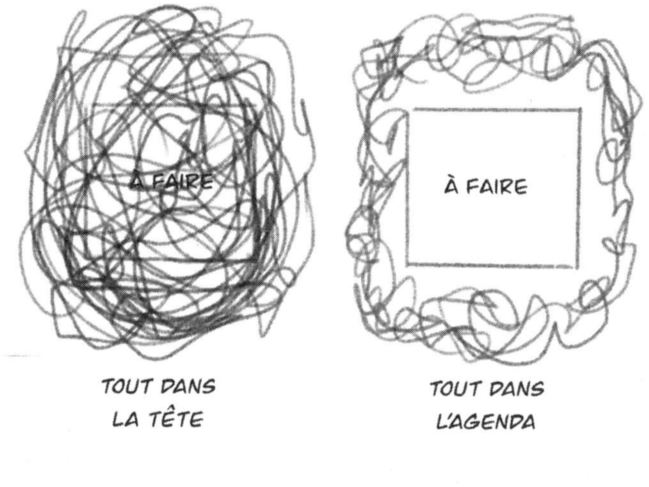

13

In the long run, we are all dead

Keynes a prononcé cette phrase dans son ouvrage A Tract on Monetary Reform *(1923). Elle illustre une critique des économistes de son époque qui se concentraient sur des solutions à très long terme, sans prêter suffisamment attention aux problèmes économiques immédiats comme le chômage ou les crises financières.*

Nous faisons la même erreur dans la vie de tous les jours. Le futur se construit aujourd'hui.

On se donne toujours des objectifs doublement illusoires à long terme. Ils sont impossibles à atteindre car chaque jour nous apporte son lot d'imprévus, et ils sont toujours mal calibrés puisque notre caractère et notre inconscient entraînent des biais majeurs.

La capacité de l'être humain à planifier les tâches du futur est loin d'être parfaite. Si nous sommes câblés pour planifier, prendre des décisions et anticiper, si nous sommes dotés de chronesthésie – la capacité d'imaginer différents résultats possibles –, si nous savons utiliser notre expérience passée pour calculer des effets futurs, nous avons tous des biais cognitifs. **Notre tendance à privilégier les gratifications immédiates aux actions à long terme, notre potentielle procrastination ou encore le fait de ne pas prendre en compte un évident manque d'informations nous empêchent d'anticiper avec réalisme.**

Pour remédier à ces difficultés, nous avons besoin de nous connaître.

Pour ma part, c'est le merveilleux livre *Arrêtons de bosser comme des fous*[1], de Jason Fried, qui m'a enseigné le délai magique pour prévoir ses objectifs : 6 semaines.

Un mois et demi est l'échéance parfaite pour se donner des objectifs ambitieux mais pragmatiques, que peu d'aléas auront

1. Maxima, 2019.

de risques de chambouler. Ainsi, 6 semaines après 6 semaines, vous pourrez gérer des projets complexes avec des étapes importantes pour votre entreprise, d'une dimension réalisable. Ces 6 semaines représentent le temps nécessaire pour mesurer les véritables avancées et garder un lien de bout en bout entre l'ambition première et sa réalisation.

Bien sûr, vous pouvez être flexibles sur cette durée. Le temps scolaire, en France, suit le principe de sept semaines de classe puis deux semaines de vacances. Calons-nous sur le rythme de nos enfants pour faire avancer nos projets. Si vous en avez par exemple un prévu dans un an, découpez-le, par tranches de 6 semaines, avec une pause d'une semaine entre chaque session. Placez dès à présent dans votre agenda la première action majeure que vous voulez avoir réalisée dans sept semaines.

En accomplissant ce pas, vous gagnerez **15 points**. Car si vous ne pouvez changer votre vie en un geste, vous pouvez la transformer en changeant vos habitudes.

Alors faites un premier pas – et pour les autres, vous verrez après.

14

You're the first, the last, my everything

Manager, apprendre, vendre, élever mes enfants. Tout est urgent, tout est important. Ma tête est comme mon bureau : encombrée, en bordel. On se sent tous débordés. Et un jour, on tombe amoureux. Il n'existe plus que cette personne qui remplit notre cœur et notre âme. Elle est devenue notre priorité. Tout est important et urgent avec elle. Pourtant, elle est là pour la vie. Si nous gérions notre vie comme une histoire d'amour, en distinguant l'important et l'urgent ?

J'ai tous les jours de nouvelles idées.

Longtemps, elles se sont heurtées à mon besoin de finir ce que j'avais commencé, tout en réalisant un travail de qualité. Bilan, dans ma quête incessante de productivité et d'efficacité, de recherche de plaisir et de partage, de vie remplie et de vide contemplatif, j'ai constamment fait face à une montagne de contradictions, confronté à des tâches qui semblaient toutes urgentes et indispensables. Jusqu'au jour où j'ai compris comment me débarrasser du superflu et travailler l'essentiel.

La première étape se passe dans la vie réelle. Nous connaissons (presque) tous Marie Kondo[1] et sa philosophie pour apprendre à agencer ses affaires, selon laquelle nous devons **trouver dans chaque objet simplicité, fonctionnalité et plaisir – le triptyque essentiel pour atteindre la sérénité** dans son lieu de vie. Nos ordinateurs sont souvent à l'image de nos armoires, remplis d'un trop grand nombre de fichiers, comme nos maisons sont envahies par les vêtements. Ranger son ordinateur, faire le tri dans ses projets, gérer ses mails peut sembler plus compliquer que ranger son appartement. La gestion de son armoire peut paraître confondante de simplicité face à nos enjeux professionnels, aux quantités infinies d'informations, aux interlocuteurs multiples, aux tâches plus difficiles à conceptualiser. Pourtant, les outils

1. Voir *La Magie du rangement*, traduit par Christophe Billon, Pocket, 2016.

de Marie Kondo peuvent être remarquablement étonnants pour nous y aider.

Nous disposons d'un autre GPS pour naviguer dans ce labyrinthe d'obligations avec grâce et efficacité. Voici un principe fondamental, connu mais trop peu utilisé : **la matrice d'Eisenhower.**

Cette matrice se fonde sur la distinction entre les tâches urgentes, non urgentes, importantes et non importantes. Elle préconise ensuite des niveaux de priorisation et des comportements à adopter. Pour avancer sur chaque projet, chaque jour, distinguez vos tâches urgentes et non urgentes.

L'urgence se « sent ». Posez-vous simplement la question : quelles sont les missions à réaliser dans la journée ?

Je crois en cet instinct imparfait, qui sait faire le tri sur des réalisations tangibles à court terme. La plupart du temps, le simple fait de prendre quelques secondes pour se poser cette question nous permet de sortir de nos automatismes et d'évaluer correctement nos tâches prioritaires.

Les tâches importantes se reconnaissent au potentiel qu'elles recèlent de nous rapprocher de nos objectifs de vie. Elles ont un impact significatif sur notre « chemin », jouant un rôle de premier plan dans les progrès que nous espérons tant. L'important mérite une place de choix dans un emploi du temps. Personnellement, je prends par exemple le temps de me former, en y consacrant de 2 à 10 heures par semaine.

Toutes ces tâches importantes, une fois accomplies, nous donnent un sentiment de satisfaction et de progression vers un but plus grand. Elles nous remplissent d'un bonheur très profond.

Une fois que l'on a classé toutes les tâches entre l'urgent et l'important, quatre catégories se distinguent.

La plus simple englobe les tâches à la fois non importantes et non urgentes. Avez-vous *réellement* besoin de réaliser celles-ci dans votre vie ou dans votre travail ? Si la tâche ne vous est pas nécessaire et que personne n'attend de vous que vous l'accomplissiez, vous pourriez peut-être la supprimer de votre liste de choses à faire ? 5, 4, 3, 2, 1, et hop ! à la poubelle. En éliminant ces fausses tâches qui n'en sont pas, vous allez commencer à vous sentir plus légers.

La deuxième catégorie la plus simple regroupe les tâches urgentes et non importantes. Par exemple, traiter des notes de frais avant la clôture comptable du mois. Elles peuvent souvent être déléguées ou réalisées dans des moments « légers », quand nous revenons de déjeuner et travaillons un peu au ralenti. Durant nos 20 minutes de trajet en métro. Le soir, durant les 9 minutes d'ébullition de l'eau des pâtes, etc.

Les tâches urgentes et importantes sont évidemment celles qui nous intéressent le plus : elles seront assurées à l'aide de ma méthode de gestion de l'agenda de la journée et de la semaine, sur laquelle je reviens au chapitre suivant.

Enfin, les tâches importantes et non urgentes correspondent généralement à des formations, des projets à réaliser à long terme. Personnellement, je fais toujours passer en priorité les heures d'apprentissage et les formations intéressantes pour atteindre l'objectif que je me suis fixé pour les six prochaines semaines. Apprendre de nouvelles choses liées à notre domaine est aussi efficace qu'agréable. Enfin, j'ai toujours une formation en cours pour mes objectifs de vie, comme travailler mon anglais pour m'ouvrir des perspectives à l'international ou de voyage. Je sanctuarise de 2 à 4 heures de travail sur mes projets à long terme, en tâchant de les découper au maximum pour les faire entrer dans mes objectifs à 6 semaines.

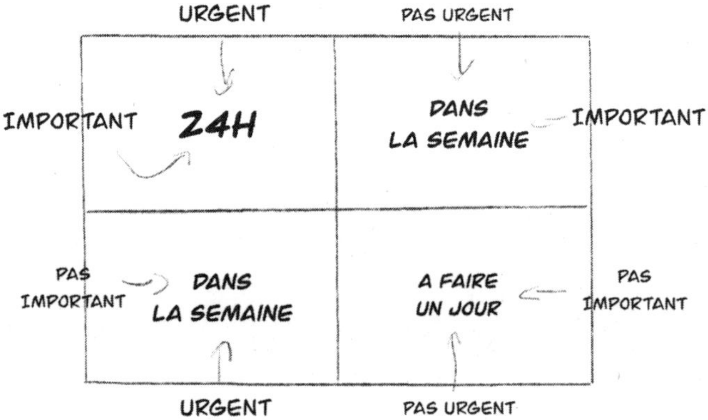

Prioriser vos tâches vous permet de lever la pression.

Cela vous ancre dans le temps tout en vous donnant la certitude d'avancer sur le bon chemin.

Cela vous fera gagner **20 points** et un rythme toujours en adéquation avec votre santé, votre énergie et vos envies.

Nos besoins ne sont pas toujours productifs. Parfois, nous voulons juste nous reposer. Rire. Contempler le monde. Prévoyons dans nos agendas ces minutes pour être libres.

15

Faire moins et mieux

On nous demande à tous de faire plus. Plus de chiffres, plus de clients, plus de projets. Ça donne l'impression d'être un citron pressé. L'impression d'être utilisé pour mieux être jeté.

Rapidement, le nombre de tâches à faire peut enfler. Notre impression d'être au bord de l'implosion aussi.

Or il existe une solution pour sortir de cet ctau : **la loi dc Parcto.**

Elle nous dit ceci : **20 % des tâches réalisées créent 80 % de la valeur.** Cela doit nous amener à nous poser un certain nombre de questions. Quels clients sont prioritaires ? Quels apports intellectuels sont majeurs ? Quels plaisirs seront inoubliables ? Nous débarrasser de ce qui nous apporte peu nous donnera beaucoup. En résumé, quels sont les 20 % du contenu de notre travail à privilégier ?

Je réalise ce tri toutes les semaines, et parfois plus régulièrement avec mes équipes quand cela est nécessaire. Quand je vois le bonheur dans les yeux de mes collaborateurs après cet écrémage, c'est magique.

Simplifier, c'est amplifier. La stratégie d'élimination est clé, elle allège et renforce.

Savoir dire « non » aux autres a été un premier pas.

Savoir éliminer de façon méthodique et jouissive des tâches non urgentes et importantes est une deuxième avancée. Ces deux pas nous aident à surmonter la complexité de la vie.

Après avoir eu le bonheur d'apprendre à vous simplifier l'existence, vous pourrez optimiser, en priorisant l'urgent et l'important, votre productivité, ou simplement profiter du plaisir d'évoluer dans le calme. Tout en gagnant **10 points** de vie.

Faire moins et mieux est possible.

16

Les écrits restent

Il est 3 heures du matin. Je n'arrive pas à dormir. Mes pensées tournent en boucle dans ma tête. Je ferme les yeux, mais elles sont là. Comment faire ?

Tenir un journal intime…

Aurais-je imaginé un jour que ces cahiers que ma sœur noircissait de ses pensées les plus personnelles, dans sa jeunesse, deviendraient à mes yeux, passé mes 40 ans, cet outil surpuissant de bien-être émotionnel et mental ? Plus que cela, le chemin vers une meilleure connaissance de mon « moi ». J'ai pu y clarifier mes pensées et sentiments, y déverser mes poids émotionnels les plus lourds en période de stress. Exprimer sur papier ce que l'on ressent est l'exutoire le plus efficace que j'aie trouvé pour réduire mon stress et mon anxiété. Le *journaling* encourage la réflexion sur soi et le recul sur la vie. On écrit, puis les solutions surgissent.

Et quel plaisir d'avoir ainsi accès à un historique de sa vie.

Relire quelques semaines, mois ou années de notre existence, nous replonger dans nos expériences vécues, nos succès et nos galères nous montre que rien n'arrive par hasard. Que les catastrophes d'antan n'étaient pas si graves… et que les bonheurs anciens étaient le fruit de longs travaux, commencés bien avant. Noter ces moments d'ancrage nous fait gagner **10 points**.

Lire dans les étoiles est à la portée de tous pour peu que l'on en détienne la carte.

17

The Edge of Glory

« Dans un an, j'aurai lancé ma boîte, réussi ma levée de fonds, ça roulera tout seul avec des clients solides et l'équipe sera carrée. » Je me suis déjà dit ça il y a un an et, pourtant, rien n'a changé. Pourquoi y arriverais-je, cette fois-ci ?

Jusqu'à mes 40 ans, je me suis donné des objectifs complètement dingues chaque année.

Je voulais m'encourager à passer à une vitesse dix fois supérieure, gagner en solidité financière, créer une nouvelle boîte. Des objectifs aussi ambitieux que destructeurs. Je me créais des espoirs nouveaux, je plaçais la barre très haut, et finissais au désespoir. Vivre de hauts et de bas aussi intenses n'était pas tenable.

Pour sortir de ces montagnes russes émotionnelles, ma première étape a été de comprendre l'origine de ces aspirations irréalistes : **la peur.**

Il est toujours difficile de saisir à quel point la peur peut nous aveugler, nous entraver, nous bloquer, au présent comme au futur. J'ai cru la reconnaître auprès de mon entourage quand un ami ou un collègue, sollicitant mes conseils après m'avoir énoncé ses problèmes, me répondait systématiquement : « Oui, mais… » Ou quand, à l'annonce de nouveaux objectifs ou nouvelles missions, j'entendais un interlocuteur s'affoler en s'exclamant : « Je pense que c'est tout bonnement impossible », d'une voix rapide et saccadée. Réactions instinctives liées à ce sentiment bien naturel qu'est la peur.

J'ai cru qu'elle m'avait épargné pendant des années.

J'avais la sensation de n'avoir peur de rien, de croire en tout. Mais cela était faux, bien sûr. Ma capacité à imaginer ces projets fous n'était que le corollaire de cette peur que je refusais de regarder en face. Car **ces objectifs irréalistes, trop ambitieux, infaisables que je me fixais étaient une concrétisation de mes angoisses et de la peur d'échouer.** Quelle honte de ne pas réussir une tâche aussi simple que « Lancer son entreprise, la stabiliser et la développer » ! Je me jugeais comme s'il s'agissait là d'un objectif « normal », facile à atteindre.

Voici des exemples d'objectifs réalistes immédiats : se lever plus tôt demain matin. Finir ce mail en moins de 30 minutes.

Des objectifs réalistes à une semaine : se lever tous les matins une heure plus tôt, finir ce projet d'ici à vendredi.

Des exemples réalistes à 6 semaines : avoir créé une nouvelle habitude matinale en se levant une heure plus tôt tous les matins pour faire du sport. Augmenter ses ventes de x %. Valider une étape pivot d'un projet structurel de l'entreprise.

Des exemples irréalistes ? Ils existent chaque fois que l'on tente de créer le changement sans changer d'habitude. C'est vouloir que tout bouge sans faire un premier pas le jour même. Refuser d'accomplir des tâches qui ne nous plaisent pas, sachant qu'elles sont indispensables.

Donnons-nous des objectifs réalistes pour demain, pour la semaine et pour les 6 semaines à venir. Nous aurons bien plus de chances d'y arriver, et cela nous donnera l'occasion de vivre un joli rêve éveillé, tout en gagnant **10 points** de vie.

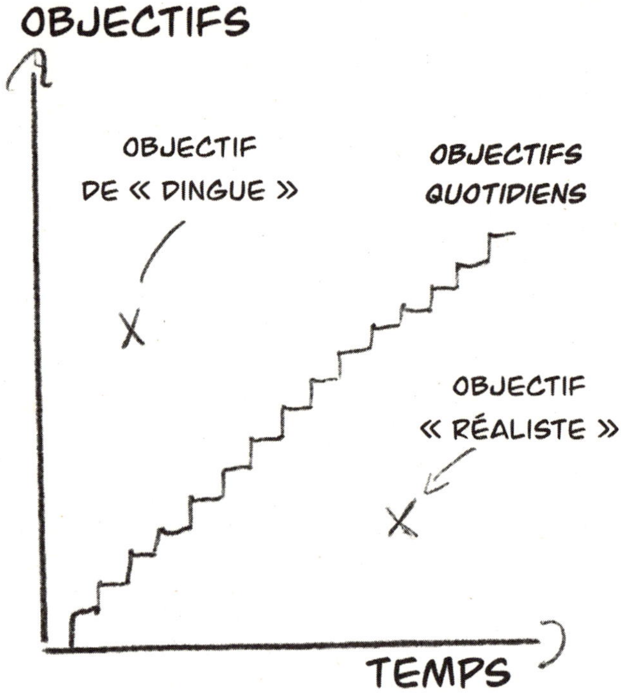

18

Try

Qu'elle est terrible, cette impression de tourner en rond, de ne jamais progresser, de rester dans ses erreurs chronophages, de se noyer.

On peut tourner dans la roue du hamster et s'épuiser. Ou faire tourner une autre roue et progresser éternellement.

Pour cela, il existe un outil merveilleux, le PDCA (pour « *Plan. Do. Check. Act.* », en anglais, soit : planifie, fais, vérifie, agis). Il permet de créer un processus aussi simple qu'efficace pour atteindre ses objectifs dans une spirale vertueuse, presque douce. Son application est simple, mais doit être rigoureuse.

Prenons un cas concret.

- Dans un premier temps, je détermine ce que je souhaite créer, non pas dans un an ni dans un mois, pas dans une semaine, mais tout simplement dans une heure. Par exemple, imaginons que je veuille écrire ce chapitre en une heure. Cet objectif planifié est le P de ***Plan***.
- Je vais ensuite m'installer devant mon ordinateur, et écrire. Mettre en application tout ou une partie de l'objectif, c'est-à-dire faire, c'est le D de ***Do***.
- Imaginons que j'aie écrit une page au lieu des quatre que je visais pour l'écriture de mon chapitre. En analysant la différence entre ce que j'avais prévu et le résultat, je ***Checke*** (le C). Je peux alors autant me féliciter de ce que j'ai réussi à accomplir que chercher à comprendre pourquoi je n'ai écrit qu'un quart du contenu. Est-ce dû à des problèmes physiques, intellectuels, à un manque d'inspiration, à un appel qui m'a bloqué ?
- Enfin, je vais chercher à concrétiser ces améliorations identifiées en les notant et en transformant mes *process* et habitudes. C'est le A de ***Act***, le moment d'**agir**. Mon cerveau appréhende ainsi les actions efficaces que je pourrai réaliser la prochaine fois : par exemple, écrire aux heures où je suis productif ou mettre mon téléphone en mode Avion.

Quel bonheur de comprendre simplement quels sont les objectifs concrets que je peux me donner !

Le bénéfice est triple : une meilleure estime de moi-même, des résultats factuels et une amélioration en continu, que je peux mesurer heure après heure, jour après jour. J'applique le PDCA dans chacun de mes projets et pour optimiser la majorité des tâches de mes journées.

Si l'outil est efficace dès la première utilisation, il donne ses véritables résultats avec une pratique aussi régulière que systématique. Tout s'améliore en permanence, au gré des changements et des nouvelles ambitions. Cet outil, créé par Walter Shewhart et popularisé par W. Edwards Deming, est le socle de toute amélioration continue dans une entreprise.

Ce processus m'a ouvert la voie vers une vie « exponentielle », car **si vous progressez tous les jours en améliorant continuellement votre capacité à réaliser vos tâches, les résultats deviennent à long terme fabuleux**. Cette progression est sans fin et vous amène à dépasser des limites qui semblaient infranchissables. Utile dans la vie professionnelle, le PDCA est d'une grande aide dans la sphère privée également. Pour optimiser une recette de cuisine, par exemple. Cela fait vingt ans que mois après mois, je teste et améliore ma préparation d'un poulet à l'ail qui, selon mes amis, est le « meilleur poulet au monde » (recette en DM). J'ai testé des dizaines de méthodes ou d'ingrédients, en essayant chaque fois d'améliorer un facteur.

Utiliser le PDCA vous fera gagner **20 points** en vous donnant plus de recul, plus d'envie de progresser, plus de forces pour vous améliorer. Apprendre à cuisiner, réussir vos projets ou simplement ressentir le bonheur de progresser est à votre portée, tout cela avec un outil, de la rigueur et de la régularité.

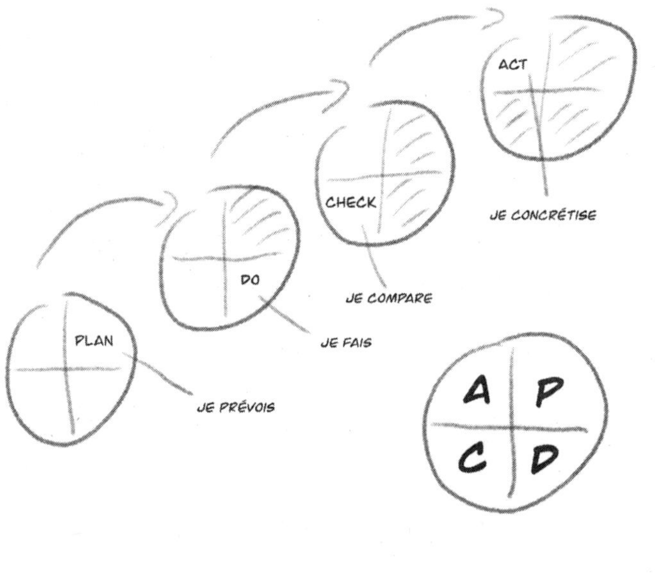

19

Le Grand Bleu

Je cours, je cours. Réunion après réunion. La sensation de ne jamais avancer. Pourtant, j'accomplis beaucoup de choses toute la journée. Entre mes mails, mes réunions, mes appels, je bosse comme un fou. Je gère urgence sur urgence. Mais j'ai l'impression de ne rien faire. J'ai même celle de ne jamais rien faire de bien.

J'ai un livre à écrire. Oui, celui que vous êtes en train de lire. Mission théoriquement impossible, car comment dégager le temps nécessaire dans un quotidien déjà intense, sans bouleverser toute sa vie ?

Pas étonnant que l'écriture reste souvent un totem inaccessible (malgré le fait qu'un Français sur quatre soit tenté par l'écriture d'un livre[1]) : comment se concentrer sur l'écriture, alors que des injonctions incessantes se multiplient au quotidien ?

Au fil des années, le *multitasking* s'est développé et installé partout : être sur son portable pendant une réunion pour répondre aux sollicitations extérieures, répondre à un mail de boulot en faisant la cuisine pour ses enfants… En permanence, à chaque notification ou mail, nous sommes sollicités et amenés à traiter des microtâches en parallèle de nos autres activités. Ce qui était impossible il y a 30 ans, c'est-à-dire être « ici et ailleurs » en même temps, est devenu permanent avec le développement des écrans et d'une connectivité infinie.

Or puis-je sauter de tâche en tâche et enchaîner de façon cohérente des mots pour avoir une pensée réfléchie ?

Non. *Niet. Nein. No.* Faites le test. Essayez de dire quelque chose de construit tout en lisant vos mails. C'est impossible. Le seul multitâche réalisable est celui qui fait appel à des automatismes.

1. *Le Figaro littéraire*, 2022.

Par exemple, discuter quand on conduit. Ou écouter la radio en cuisinant.

Alors, comment s'attaquer tous les jours à des tâches profondes ? Le concept de *deep work*, popularisé par Cal Newport[1], a transformé ma productivité, annihilant la dispersion tout en faisant disparaître mon souci numéro un : la procrastination.

Arrivez-vous à rester concentré sur une vidéo que vous regardez chez vous, sur votre ordinateur ? Je fais le pari que non. Il y a très souvent des interférences ou sollicitations extérieures : on vous parle, une moto passe bruyamment dans la rue, votre smartphone vibre toutes les 5 minutes. À l'inverse, parvenez-vous à profiter à 100 % d'une histoire au cinéma ? Je fais le pari que oui.

La magie du *deep work* consiste à savoir se mettre dans la même situation qu'au cinéma, en créant les conditions pour se plonger dans un état de concentration absolue de 2 heures.

1. *Deep work. Retrouver la concentration dans un monde de distractions*, Alisio, 2017.

À la fin de ma séance, quand la lumière revient et que mon immersion est terminée, je suis dans le même état qu'après un bon film. Heureux du travail effectué, me sentant un peu autre. Plus riche d'émotions et de savoir, avec l'envie de partager, nourri par l'expérience vécue. Les conditions de concentration que propose le cinéma sont simples : je suis bien installé, je connais les horaires du film, je suis à l'abri de toute source extérieure de nuisance et je sais que, si je veux sortir, je vais déranger mes voisins de siège pour qu'ils me laissent passer – contrainte aussi douce qu'efficace.

Pour être productif dans mon travail, je me mets dans ces mêmes conditions pour des séances de 2 heures de *deep work*.

À chacun de trouver sa recette personnelle, mais la mienne tient en quelques points :

- sur mon ordinateur, seules les fenêtres utiles sont ouvertes ;
- j'ai mes écouteurs antibruit vissés sur les oreilles, avec toujours la même musique classique qui me conditionne ;
- si possible, j'allume une bougie parfumée, pour que tous mes sens soient activés ;
- je bloque mon agenda pour 2 h 30. Je compte 15 minutes pour me préparer avant,

2 heures dans cet isolement productif, puis 15 minutes de sas de sortie ;
- l'adoption du mode Ne pas déranger sur mon téléphone est essentielle. Pas d'appels possibles, sauf ceux de trois personnes (ma fille, ma chérie, mon associé). Si je ne peux m'empêcher de jeter un coup d'œil sur mon smartphone, je le place dans une autre pièce.

Les bénéfices sont simples :
2 heures 100 % productives par jour reviennent à 10 heures efficaces par semaine, 40 par mois, 500 par an.

Avec ce temps disponible, en étant concentré, vous allez naturellement aboutir à quelque chose de grand avec une belle somme de projets aboutis et concrets. Vous aurez ce sentiment absolu d'immense fierté, avec plus de **15 points** gagnés.

Deux heures par jour hors de la roue. Deux heures pour sentir votre capacité à faire. En profondeur.

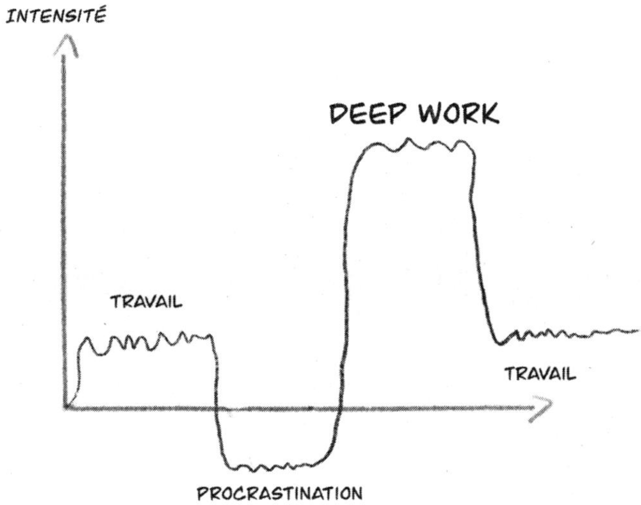
INTENSITÉ
DEEP WORK
TRAVAIL
TRAVAIL
PROCRASTINATION

20

Je marche seul

3 avril 2020. Le monde est bloqué. En France, on ne peut pas marcher à plus d'un kilomètre de chez soi. On est tous sur Zoom, derrière notre ordinateur ou sur nos téléphones. L'urgence nous tient en haleine, mais on manque de souffle.

Qu'ont en commun Rousseau, Beethoven, Dickens, Socrate ou Darwin ? Tous aimaient marcher, beaucoup, plusieurs fois par jour.

Une chercheuse californienne a étudié les bienfaits de la marche[1]. Elle a recruté 176 étudiants qui devaient marcher dehors ou courir sur un tapis roulant, avant d'être soumis à des séries

---

1. « Marché stimule la créativité », Aidamobility.com, 2023.

d'exercices. Il leur fallait par exemple trouver un maximum d'utilisations à un objet en 4 minutes. Tout devenait alors plus créatif, plus pratique, plus inattendu.

Marcher est mon remède au stress. Quand je sens qu'il me submerge, je respire profondément. Mais parfois, l'agitation reste et mon esprit est dépassé. Dans ces cas-là, me lever et aller me promener devient la seule solution. Quand je marche, je sens que je suis obligé de respirer et, après une dizaine de minutes, je reprends toujours mes esprits. Avec un bonus santé : marcher et bouger sont parmi les meilleurs remèdes à mon mal de dos.

Mon ancien associé et moi, nous avions comme habitude d'aller marcher ensemble, surtout dans les moments compliqués. Nos échanges, alors que nous avancions dans la même direction, nous permettaient d'avoir plus de recul, de lever les obstacles, de trouver nos points de convergence. Nous connecter ainsi nous a toujours rapprochés.

Marcher est aussi un accélérateur de créativité. Lorsque je commence une balade en écoutant un podcast, après quelques minutes, mon esprit est systématiquement déjà parti ailleurs. Une idée survient, puis une autre encore. Ma main glisse alors vers mon téléphone et je coupe le podcast pour mieux m'écouter intérieurement.

À chaque nouveau pas surgissent de nouvelles idées. J'ai gagné **5 points** en marchant ainsi

Marcher hors de la roue est la meilleure façon d'avancer.

21

The workaholic

Je suis en plein divorce. Trop de travail, pas assez de couple. Aurais-je pu faire autrement ? Oui.

L'effacement des frontières entre le travail et notre vie personnelle est un aller simple pour l'enfer : « Chéri(e), j'ai ramené le bureau dans le salon. »

On connaissait vaguement le télétravail. Puis sont venus le confinement en mars 2020 et le grand changement.

Le travail à la maison est passé d'exception à normalité, voire obligation. Je me souviens d'un temps où on était injoignables. Seuls les entrepreneurs vivaient leur travail H24 et 7/7, volontairement. Pour les autres, il y avait un temps pour le travail et un temps pour la vie personnelle. Désormais, tout se mélange. La frontière entre les deux est devenue plus fine qu'avant ; plus facile à franchir.

Vous avez sûrement remarqué comme il devient difficile de débrancher après une journée de travail : vous vous posez enfin, prêt à vous détendre… Mais là, *ping !*

Notifications.

Mail.

WhatsApp, etc.

Et voilà notre esprit de nouveau en mode travail, occupé, préoccupé. Ce flou joue avec notre santé mentale et physique de façon insidieuse, car les outils virtuels suppriment les signaux d'alarme créés naturellement par notre corps et notre esprit pour nous obliger à nous reposer. Le sentiment de fatigue a cette fonction, mais la dopamine et l'adrénaline dégagées à chaque notification nous font oublier qu'il est temps de ralentir.

À quoi servent ce stress et cet épuisement chroniques ?

À écrire un mail de plus ? À répondre à un WhatsApp « urgent » ? Quand le travail prend trop de place, quand nous ne savons plus passer du temps avec nos proches sans être en parallèle connectés à d'autres réseaux virtuels, les moments de qualité avec ceux qu'on aime se font plus rares. Ce n'est pas juste, ni pour nous ni pour eux.

Observer la relation que ma fille avait avec son smartphone m'a donné la meilleure leçon pour mieux gérer le mien. Agacé, à son adolescence, par le magnétisme qu'exerçait sur elle son nouveau téléphone, je lui ai demandé de le déposer dans l'entrée quand elle arrivait dans l'appartement. Puis je l'ai imitée. J'ai laissé mon smartphone à côté du sien. Et j'ai redécouvert un nouveau monde, plus exactement, celui que je connaissais avant 2007. Plus simple, avec plus de lecture, plus de conversations.

Poser son téléphone loin de son regard peut avoir des effets spectaculaires. Pour être avec sa famille, pour se retrouver. Ça l'a été pour moi, me faisant gagner **5 points** de vie.

Sortir de la roue, c'est laisser son travail là où il doit être.

Dans son téléphone, au sein de son ordinateur, dans son bureau.

Pas sur son canapé.

22

Sentir son corps

Je suis harassé de migraines. Épuisé par mille pensées qui m'accaparent l'esprit, m'empêchent de me concentrer. Mon corps se venge. J'ai eu les épaules lourdes, j'en ai eu plein le dos... et j'en ai désormais plein la tête. Comment faire avec ce bruit permanent ?

Comment trouver le calme ?

En (res)sentant son corps. Avec son souffle, avec des mots, en étant guidé, grâce à la méditation. Vider son esprit allège le corps.

J'ai été incapable de cette pratique durant des années. Elle me stressait – et il me semble que ce n'est pas son objectif... Donc c'était un *no-go*.

Cette porte s'est finalement ouverte à moi un beau jour : après le sport, après une journée de travail équilibrée, après un sommeil apaisé, toutes les conditions étaient réunies pour que je puisse enfin poser mon esprit et me mettre à l'écoute de moi-même.

J'ai pris l'habitude d'écouter le podcast *Je médite tous les jours*, de Harry, sur Spotify. D'autres adorent l'application Petit Bambou. Tout est bon pour s'occuper de soi durant de précieuses minutes passées à être 100 % égoïste. À sentir son corps. À laisser défiler toute pensée négative. À s'autoriser à atteindre une intimité toute personnelle. Méditer nous fera gagner **20 points** de vie.

La méditation a eu un effet passionnant sur ma façon de définir mes objectifs. Mon manque de sérénité entraînait une impatience assez dévorante, me poussant à me fixer des buts irréalistes pour compenser le stress : par exemple, rédiger un nombre invraisemblable de newsletters et de posts LinkedIn en une semaine, alors que je n'ai jamais réussi à écrire quoi que ce soit en avance.

Ces ambitions revenaient à un acte d'autosabotage en règle. Bien sûr, se fixer des buts est sain, mais entretenir nos illusions est la porte ouverte aux désillusions.

Méditer m'a appris à comprendre où est le bonheur. Il est maintenant, dans l'instant.

23

Pure and easy

Il est 5 heures du mat'. On a rendez-vous avec un client à 9 heures. Notre présentation n'est pas prête, on se réunit en Zoom pour trouver une idée. Immense tension. On essaie de s'en sortir en dégainant des poncifs d'une triste banalité, le tout avec frustration et colère.

J'ai toujours cru que la créativité naissait sous pression, quand le stress vous presse comme un citron dès le matin pour en sortir un bon jus rempli d'énergie.

Erreur. Cette tension ne permet d'extraire que des pensées déjà connues. Jamais d'idées nouvelles, aussi créatives qu'innovantes.

Pour trouver cette fraîcheur et atteindre les recoins inédits de ma créativité, il m'a fallu en passer par une nouvelle étape de ma vie : apprendre à lâcher (prise).

Dans la newsletter de Maud Alaves, j'ai été passionné par cette spécialiste de la créativité, Julia Cameron, qui disait : « La créativité nécessite de la foi. La foi nécessite que nous abandonnions le contrôle. C'est effrayant et nous y résistons. »

Pour créer, j'apprends à lâcher. Atténuer le bruit, les pensées parasites.

Respecter son processus créatif, c'est avant tout respecter son temps, son rythme. Pour faire taire la culpabilité, nous devons apprendre à nous détendre et laisser les canaux de l'inspiration libres de tout obstacle. Nous avons tous déjà vécu ces moments de fulgurance – sous la douche, par exemple –, quand notre corps est détendu et que, d'un coup, l'idée surgit.

J'aimerais partager avec vous mon propre processus créatif, qui est évidemment très personnel. Les conditions qui favorisent notre inspiration varient d'une personne à l'autre. J'ai connu des artistes qui se montraient prolixes quand ils étaient malheureux à en mourir, d'autres quand ils tombaient (facilement) amoureux, d'autres à la condition de se sentir en osmose avec leur entourage.

Pour ma part, je cherche **l'équilibre entre liberté créatrice et contraintes stimulantes.** Par exemple, pour écrire ce livre, j'ai quitté Paris, afin de m'isoler et de me préserver des interactions sociales (ces lignes sont rédigées dans une maison en Normandie, hors du bruit et du monde). La rédaction d'un ouvrage déclenche une introspection personnelle à chaque page, avec des moments de doute, des petits bonheurs ou des emballements émotionnels. J'avais besoin de traverser ces instants de façon solitaire pour les vivre aussi intensément que paisiblement.

Pour créer, le *deep work* a été clé, m'obligeant à dépasser les urgences du quotidien en priorisant l'écriture, trouvant chaque jour ces 2 heures essentielles pour accoucher de nouvelles pensées.

Mais parfois, les idées ont besoin de temps.

J'ai appris à attendre. Je croyais que pour créer il fallait coucher sur le papier les mots dans l'urgence, avec la pression du résultat et de l'horloge. Or j'ai découvert que l'attente est un incubateur mental essentiel. **La créativité se**

magnifie avec cette recette magique : temps de *deep work* + temps perdu.

De même, on sait aussi que la nuit porte conseil. Lorsque nous rencontrons un problème, identifier l'obstacle, l'écrire, puis dormir transforme le sommeil en catalyseur à idées. Nos rêves manifestent nos fantasmes inconscients et nos peurs les plus profondes. Lorsque nous nous laissons le temps de respirer durant ces heures réparatrices, le corps lâche profondément et les pensées se structurent.

Dormir nous donne ainsi les moyens de créer. Voilà une belle et nouvelle habitude qui nous donnera **10 points** – et tant de bonheurs, d'accomplissements.

Apprenons à laisser le temps faire son affaire, lâchons prise pour sortir de la roue du hamster.

Partie II

Les outils digitaux ne se manient pas en *swipant*, mais avec la tête et le cœur

Les premiers *personal computers* (PC) ont vu le jour en 1981 ; en 2007, Apple annonçait la sortie de l'iPhone 1 ; en 2023, l'IA a connu un pic de démocratisation sans précédent. Tous ces outils et innovations devaient changer notre vie avec un seul objectif : la rendre plus simple. Or nous sommes devenus esclaves de ces machines et applications. Elles nous proposent certes des services indispensables, mais elles le font en dévorant notre temps.

La digitalisation de presque tous les aspects de notre existence nous promettait liberté et efficacité, mais chaque nouvelle application conçue pour simplifier notre quotidien y a ajouté une barrière virtuelle, créant un labyrinthe numérique où l'humain cherche en vain une issue. Le téléphone portable nous offrait d'être mobiles en permanence tout en gardant une réactivité maximale. Les réseaux sociaux devaient être une fenêtre ouverte sur le monde. Ils se sont transformés en miroirs réfléchissant une image déformée de la réalité, où nous projetons des fantasmes de vies irréelles et où le temps semble s'écouler sans douleur.

Nous voilà assommés d'informations, enfermés dans des bulles numériques.

Avec cette accélération de notre quotidien où chaque seconde est comptée, où chaque moment doit être optimisé, l'urgence permanente et la nécessité de rester connectés ont érodé lentement mais sûrement nos équilibres personnels. Cette course contre le flux incessant d'informations nous a éloignés de la contemplation de la beauté du monde, de la réflexion longue créée par la douce lecture des livres, ou du simple plaisir qui mérite d'être vécu lorsqu'on s'ennuie, des pensées perdues dans les nuages.

Le sentiment d'être submergés que nous connaissons aujourd'hui appelle sans doute un changement profond dans la manière dont nous interagissons depuis l'arrivée des premiers mails et mobiles, accélérée par chaque avancée technologique, redéfinissant nos modes de vie, de communication et de travail.

En même temps, tous ces outils sont là. Ils ont transformé notre quotidien.

Pourrait-on vivre sans smartphone ?

Pourrait-on travailler sans ordinateur ?

Pourrait-on communiquer sans Internet ?

Non, bien sûr.

Apprenez à les utiliser en 13 étapes et **400 points**.

En sachant mieux les vivre, vous allez redécouvrir le meilleur de la technologie.

1

Petite Poucette tueuse d'idées

7 heures. Mon téléphone me réveille. Je le prends. Je file sur Insta, je scrolle. Il est déjà 7 h 20. Je vais être en retard.

23 h 50. Je regarde encore mon iPhone avant de me coucher. Pourquoi je fais ça ? J'ai passé presque 5 heures dessus, j'ai ouvert l'application à chaque pause. Mon pouce et mes yeux hypnotisés sont connectés à mon esprit, je ne sais même plus si je veux faire semblant d'être connecté au monde ou si je fuis carrément le quotidien.

« Je m'ennuie », me dit mon fils. « Va prendre un livre » sera ma réponse… alors que j'ai mon téléphone à la main.

Personnellement, je ne m'ennuie jamais. Avec un nouveau mail qui tombe toutes les

10 minutes, les messages, les notifications, des dizaines de sources d'information, j'ai depuis 2007 cet écran portatif qui m'interdit tout ennui. Lire sur un support papier, ne rien faire, être concentré plus de 10 minutes est devenu un effort. Désormais, pour réussir à lire, activité que j'ai toujours adorée, je dois me faire violence. Dépasser l'envie, le réflexe presque irrépressible d'aller sur mon téléphone.

Visionner 2 535 vidéos TikTok ou abattre 247 mails par jour ne me rend pas heureux. Avoir de nouvelles idées ; chercher des solutions, posément, à chaque problème ; découvrir la beauté du monde ; vivre les douces interactions avec mon entourage ; voilà ce qui me rend heureux. Selon la professeure d'informatique Gloria Mark, en 2008, nous étions interrompus en moyenne toutes les 3 à 6 minutes, soit environ 10 à 20 interruptions par heure[1]. Et, en 2018, une étude menée par l'université de la Colombie-Britannique a révélé que les participants consultaient en moyenne leur boîte mail

1. « *The Cost of Interrupted Work: More Speed and Stress* », université de Stanford.

15 fois par jour[1]. **On s'épuise avec ces *stop-and-go* incessants.**

« Le téléphone nous apporte beaucoup, mais il nous prive de trois éléments clés de la découverte : la solitude, l'incertitude et l'ennui. C'est toujours de là que viennent les idées créatives. » Lynda Barry

Certes, les smartphones nous donnent la sensation d'être connectés au monde, libres de nous plonger dans mille horizons rien qu'avec nos dix doigts. Mais finalement, on se remplit de façon boulimique de contenus pour éviter la sensation de l'ennui.

Apprendre à lâcher son téléphone nous redonne de la liberté.

Cela nous oblige à parler, à lire, à rêvasser.

Cela nous fait gagner **30 points** quand, à la fin de la journée, nous n'avons ouvert notre smartphone que parce que nous l'avions vraiment décidé, et pour des bonnes raisons.

1. « *Checking Email Less Frequently Reduces Stress* », université de Colombie-Britannique.

Ne laissons pas notre temps, notre volonté ni nos datas aux algorithmes.

Retrouvons la « vraie » vie.

2

Lose yourself

Je suis au restaurant. Je regarde ce couple, à côté de moi. Tous deux sont sur leur téléphone depuis 15 minutes. Ils ne se parlent pas. Ils regardent leurs écrans respectifs dans une solitude infinie. Que cela est triste.

Se concentrer, c'est se contraindre.

Ian Fleming, l'auteur des livres *James Bond*, aurait écrit chacun de ses livres en moins de deux semaines, suivant **la règle de l'« ennui forcé ».** L'idée est simple : se créer un environnement dans lequel nous n'avons que deux choix : ne rien faire… ou écrire. Pour lui, c'est une chambre d'hôtel banale, sans distraction, afin de se concentrer sur son écriture – sans portable, ce qui, si vous voulez mon avis, est tout de même plus simple, quand on écrit en 1960.

Toute action complexe nous obligeant à explorer le fond de notre être, à dépasser la superficialité des idées simplistes, à imaginer des corrélations magiques ne peut se faire que si nous avons laissé à notre cerveau les conditions nécessaires pour faire mijoter doucement tous les ingrédients qui s'y trouvent. Alors, seulement, ils peuvent se transformer. **Pour réussir à vivre ces contraintes avec joie, je mixe un abandon assumé, une sobriété douce et régulière avec une radicalité – ponctuelle, mais nette.**

Je ne crois pas dans le manichéisme des possesseurs de Nokia 3310, qui s'empêchent d'utiliser les applications les plus utiles et démocratisées de l'innovation, comme Google Maps, les services d'identité numérique ou les échanges sur WhatsApp.

Je crois que l'on peut être plus mesuré.

Je me suis par exemple obligé à renoncer à certaines tentations délicieuses mais chronophages aux heures de la journée nécessitant une réelle concentration, comme durant mes réunions créatives ou mes séances de *deep work*. Le mode Concentration est essentiel pour une coupure douce. Facile à programmer sur iPhone et Android, avec les appels bloqués et les notifications filtrées (sauf certaines personnes essentielles), il m'a sauvé de milliers d'heures de distraction.

Quand l'envie de naviguer sur le Web est trop forte, je place mon téléphone à plus de 2 mètres de moi. Hors de portée de main. Au restaurant, il est invisible, pas même retourné sur la table – ce qui me permet d'être à 100 % avec mes convives. Les vraies conversations, c'est comme les bonnes idées. Elles demandent du temps et de la passion. Quitte à passer par quelques moments plus creux, à vivre quelques instants de langueur. Cela fait partie du jeu.

La nuit aussi, mon portable est loin de moi. S'il est à portée de main, je ne peux m'empêcher de le regarder avant de me coucher. Alors il est toujours dans une pièce à côté.

Chaque fois que je m'interdis d'utiliser mon téléphone, je retrouve mon âme d'enfant, et les bonheurs simples de la déconnexion.

À garder vos dix doigts loin d'un écran dans ces moments où il est inutile, vous gagnez **30 nouveaux points**. Vivez des bonheurs simples, retrouvez le plaisir de voir le monde, de sentir une atmosphère, de contempler.

3

Outlook et Gmail : je vous aime, moi non plus

6 juin 1995. Je viens d'installer Hotmail et d'envoyer mon premier mail. C'est dingue. Avec une pièce jointe, en plus ! Ça va me faire gagner un temps précieux.

3 avril 2004. Mon BlackBerry menace d'exploser sous le nombre de mails que je reçois. J'ai l'impression de me battre avec une hydre ; à chaque tête coupée, il en repousse deux. Je suis constamment connecté, à envoyer et recevoir ces courriers électroniques. Je me transforme en joueur de tennis, tapant dans la balle face à un mur qui me la renvoie sans cesse. Je suis épuisé.

Les mails ont révolutionné dès 1993 nos modes de communication personnels aussi bien que professionnels, nous offrant des gains de temps considérables.

Depuis, leur gestion est devenue une source de stress.

Il y a 30 ans, un mail remplaçait une lettre. Plus de 24 heures gagnées par rapport à la réception d'un courrier. Magique.

Désormais, un mail crée des boucles d'échanges incessants, 30 % des messages sont inutiles dès lors qu'un destinataire est mis en copie sans nécessité d'action de sa part, ce qui lui ajoute une charge informative superflue.

Qu'on le fasse par habitude ou pour assurer ses arrières, mettre la Terre entière en copie de ses mails donne la sensation d'avoir informé toutes les personnes destinataires ou mises en copie… ce qui fonctionne très bien, sauf lorsque l'on reçoit des centaines de mails par jour qui requerraient des heures de lecture : dès lors, nous n'avons aucune certitude que ces informations ont été véritablement consultées et validées.

Le flux constant de mails était gérable quand il s'agissait de la seule forme de communication électronique. Cependant, avec une augmentation annuelle de 3 % à 4 % du volume de courriels et avec l'ajout de diverses plateformes de messagerie, la gestion de l'information est devenue un véritable défi. Accepter que sa journée soit guidée par les mails, c'est courir sans fin dans la roue.

Pour lutter contre cette course, je me suis imposé de ne consulter les miens que trois fois par jour, ce qui augmente légèrement le délai de réponse sans pour autant me laisser le temps d'être submergé. Je m'interdis aussi de commencer ma journée en consultant ma messagerie : cela m'évite d'endurer le stress des préoccupations d'autrui.

Ouvrir ses mails de bon matin, c'est accepter que le monde extérieur décide de la tenue de notre journée. Pour ma part, je ne le fais donc qu'après avoir géré toutes les tâches importantes et urgentes en premier lieu.

Les lire après le déjeuner me permet de faire quelque chose d'utile durant les heures où ma concentration est chancelante.

Et, en fin de journée, je vide ma messagerie afin d'identifier d'éventuelles urgences pour les traiter, puis de planifier les jours suivants. Le reste des mails est archivé.

Depuis 2024, nombreuses sont les solutions qui permettent d'écrire automatiquement des réponses à certains mails. L'IA, par le biais de logiciels comme SuperHuman, m'écrit trois types de réponses (positive, négative ou réclamant des détails), ce qui me permet de gagner un temps précieux pour toutes les demandes de rendez-vous, pour les invitations aux soirées, etc. Sorti de cet océan de mails, je considère désormais ce canal comme un lieu parfait d'ouverture sur l'extérieur, en retrouvant la joie que j'avais à utiliser cet outil en 1995.

Cela me fait gagner plus de 2 heures par jour, et autant de concentration. C'est un immense changement au quotidien, avec un tel impact qu'il donne **45 points**.

Retrouvons les qualités de l'outil qu'est le mail. Ne l'utilisons que par choix, jamais par obligation.

4

Les newsletters : une, ça va, dix, bonjour les dégâts

Je rentre de vacances, j'ai 493 mails non lus… Mais combien de newsletters ? Ça a l'air passionnant, mais il est impossible de tout lire. Ça me prendrait au moins 20 heures. Et puis : à quoi ça sert ?

J'ai décidé il y a dix ans d'annuler mes abonnements aux mille et une newsletters que je ne lirais jamais.

Les avoir sous les yeux me renvoie en permanence les promesses non tenues d'un temps impossible à trouver. Comment trier pour ne garder que les essentielles, celles qui procurent joie ou informations, pour le plaisir ou le travail ?

Pour y arriver, je me suis posé ces questions : **vais-je apprendre des choses avec cette newsletter ? Vais-je vivre de l'émotion pure, découvrir des sujets captivants, sentir une perspective renouvelée du monde ?** Quel auteur aura ce don de filtrer l'information cruciale, de m'offrir une vision unique, audacieuse et avant-gardiste ?

Le bilan s'est avéré maigre… et c'est une bonne chose. En éliminant ces newsletters conservées « au cas où », j'ai éliminé autant de frustration de ne pas les lire et, surtout, j'ai gagné un temps précieux me permettant de me plonger effectivement dans celles qui me font grandir.

Afin de me dégager un moment adéquat pour lire ces contenus, j'ai créé des dossiers et des règles automatiques permettant de trier les newsletters reçues. Le tri est réalisé par expéditeur, puis renvoie vers des dossiers à thème (intelligence artificielle, productivité, etc.). Le but est de catégoriser l'expéditeur en amont afin d'automatiser son association à un thème. Écrire une règle prend 3 minutes. Temps d'organisation minime qui permet de gagner beaucoup de concentration. Ces tris automatiques optimisent le stockage des lettres d'information qui me seront utiles et agréables. Si au bout de 3 mois je n'en ai lu aucune, je me désinscris.

J'aime aller au-delà de la traditionnelle lecture. Le contenu des newsletters étant de plus en plus riche, j'utilise souvent ChatGPT pour lui demander de m'en faire un résumé, qui me sera utile lors de futures présentations ou formations.

Un contenu lu au moment opportun et bien compris sera mieux retenu et je serai ainsi en mesure de le partager. Cela m'élève, me donne la sensation de grandir. Le bonheur.

Ne plus se laisser ensevelir par des montagnes de newsletters vous fait gagner **15 points**. Gérer ce flux vous libère du bruit, du « trop d'infos », de la culpabilité de ne pas tout lire, pour vous permettre de vous concentrer sur ce qui vous fait du bien, vraiment.

5

A message to you

J'ai un Tam-Tam. L'un des premiers bipeurs en France, permettant d'être joignable à l'aide de courts messages. La magie de l'instantanéité, la sensation d'être accessible partout.

Nous avons eu les bipeurs et les SMS. Puis WhatsApp, Telegram, Snapchat, iMessage, Messenger, etc.

Nous recevons des messages de tous horizons sur les mêmes plateformes. Pro, perso, urgents, futiles. Ces messages se sont diversifiés. Les quelques mots issus de messages à 160 caractères se sont transformés en romans, désormais complétés de gifs, photos, vidéos et messages vocaux. Ces écrits remplacent-ils les appels téléphoniques ?

Pas totalement. L'anthropologue Leslie Seltzer et son équipe de l'université du Wisconsin-Madison ont examiné l'effet que produisaient les appels téléphoniques entre des mères et leurs filles en observant l'évolution de deux hormones : le cortisol (hormone du stress) et l'ocytocine (hormone de l'attachement). L'étude a révélé que lorsque les jeunes filles parlent à leur mère par téléphone ou en personne après une situation stressante, elles présentent une baisse de cortisol et une hausse d'ocytocine, suggérant un effet apaisant. En revanche, lorsque la communication a lieu par message texte, le cortisol augmente et le taux d'ocytocine reste inchangé, l'absence de voix diminuant l'effet réconfortant de l'interaction[1].

Bilan : j'appelle mes proches bien plus que je leur envoie des messages. Je téléphone à mes clients régulièrement pour établir un lien sincère avec eux. De façon générale, quand j'ai une nouvelle négative à partager, j'appelle.

Et les vocaux ?

1. Yves Miserey, « La voix de la mère aussi réconfortante que sa présence », *Le Figaro*, 12 mai 2010.

Ils sont intéressants quand il s'agit de transmettre une information simple (par exemple : je sors d'une réunion et nous avons parlé d'un sujet qui devrait t'intéresser), et remplacent les messages sur répondeur qui ont prévalu durant des années. Ils permettent de transmettre plus aisément une émotion sincère. Bonheur d'entendre la voix de ceux que vous aimez.

En revanche, évitons-les quand nous souhaitons poser une question complexe. Si nous avons besoin d'une interaction, les appels sont plus efficaces. Si nous désirons poser un raisonnement, les mails permettront de mieux poser la problématique ; ils seront alors mieux construits et compris.

Pour gérer au mieux mes messageries, j'ai construit des règles simples, plus simples encore que pour mes mails. Je laisse les notifications car je pars du principe que, *via* ces plateformes, les messages sont des demandes « urgentes ». Si je ne veux pas être dérangé par celles-ci, je me mets en mode Ne pas déranger.

Je classe mentalement chaque message selon trois critères :

- le message est une question simple qui appelle une réponse écrite simple ou le message est une demande de précision : dans ce cas, je réponds par écrit ;
- s'il est plus complexe, j'appelle ou je laisse un vocal ;
- le message n'est pas utile : je lis et valide par un émoji.

Et les groupes WhatsApp ?

Petite leçon simple : les « archiver » tous. Ainsi ils n'afficheront aucune notification et ne seront pas visibles immédiatement à l'ouverture de votre application. Sauf exception, ils ne comportent pas de caractère d'urgence et ne méritent donc pas d'apparaître au même rythme que les messages individuels. Ces archives… mettez-y aussi tous ceux qui abusent des messageries et qui polluent votre temps. Ces précieuses minutes prises sur votre quotidien sont autant de secondes de vie volées. Personne n'a le droit de vous en priver.

Pour ceux qui aiment utiliser les messageries pour s'envoyer des « cartes postales », des messages sans réelle importance à part affective, qu'ils aillent sur BeReal. Se prendre en photo à un moment aléatoire de la journée et partager le quotidien dans ce qu'il a d'aussi banal qu'insolite ou éphémère, voilà la quintessence de la carte postale d'antan. J'ai cette habitude avec mes amis (très) proches, et c'est un bonheur de partager ces instants simples et non chronophages avec eux.

Nous avons empilé des nouveaux outils pour communiquer depuis des années. Nous sommes passés d'appels de téléphones fixes en 1995 à une multitude d'outils permettant d'échanger plus vite, de façon asynchrone avec plus d'informations. Ces outils du quotidien sont indispensables, et bien les utiliser vous fera gagner **25 points** tant leur omniprésence est forte.

Car qui peut prétendre jouer de la clarinette avec une batterie ? Ou peindre avec un tournevis ?

Choisissez donc les bons outils pour les bons messages.

6

#JeQuitteLesRéseauxSociaux ?

LinkedIn (2003), Facebook (2004), YouTube (2005), WhatsApp (2009), Instagram (2010), TikTok (2016). À chaque nouveau réseau social, des nouveaux amis, des contenus inédits… et du temps supplémentaire. Nous vivons dans un loft géant, nous nous exposons et nous épions ; nous travaillons dans un *open space* virtuel, où nous subissons le bruit ambiant de millions de contenus déversés, sans pouvoir nous empêcher d'en consommer le maximum avec un voyeurisme non assumé.

L'issue réside-t-elle dans la suppression de tous les réseaux ?

Cette solution extrême semble difficile à concevoir tant l'espace d'expression de ces plateformes a pris une place importante dans nos quotidiens, dans les sphères personnelle aussi bien que professionnelle.

Mais mon addiction aux réseaux m'a obligé à chercher des solutions à cette perte de temps. La recherche des « J'aime » sécrète la dopamine dont nous raffolons tant. Toutes les gratifications instantanées nous donnent la sensation d'exister. Notre ambition est exacerbée par les comparaisons sociales possibles. Notre soif de curiosité est aussi forte que la peur de manquer des informations importantes.

Il est temps d'apprendre à limiter notre consommation.

Songez que **2 heures de réseaux par jour, c'est un mois passé à scroller par an.** Cela commence par restreindre leur accès.

Pour ma part, j'ai supprimé les applications des réseaux que j'utilisais peu.

Pour les autres, j'ai déplacé leur icône afin qu'elle n'apparaisse pas sur la première page de mon smartphone. Devoir *swiper* trois fois m'a permis de diminuer de moitié mes clics sur ces applications. C'est dire combien notre consommation est régie par l'habitude et la facilité, souvent plus que par une réelle nécessité de s'y rendre.

J'ai désactivé toutes les notifications. Certes, cela me fait parfois lire certains messages avec moins de réactivité, mais que de temps gagné. **Une notification affecte notre concentration durant une minute.** Trente notifications par jour, c'est autant de minutes perdues.

Quand je suis dans le fil d'actualité de mes réseaux, faisant dérouler les posts les uns après les autres, absorbé par cette information qui se renouvelle à l'infini, je reprends la technique du « 5, 4, 3, 2, 1, *go* » pour sortir de mon hypnose numérique.

Bien sûr, je travaille avec les réseaux et y produire du contenu est essentiel à ma carrière. Il m'est donc impossible de limiter absolument mon temps dessus. Mais une fois ces obligations professionnelles remplies, m'est-il utile d'y passer plus de 30 minutes par jour ? Non.

Limiter les réseaux sociaux nous fera gagner **30 points**. Cela nous permettra de vivre hors des algorithmes, de préserver notre esprit tout en gardant le meilleur de ces nouveaux canaux.

7

Quand j'serai K.-O.

Je viens de quitter la boîte que j'ai cofondée il y a 13 ans. Je ne suis plus directeur général, je ne suis plus cofondateur. J'ai tant d'idées à partager, de projets à lancer. Mais comment faire pour trouver ceux et celles qui peuvent m'accompagner dans cette nouvelle phase de vie ?

J'ai eu la chance de cocréer une start-up dans l'e-commerce avec deux amis. J'ai passé presque 15 ans de ma vie à la représenter, à la diriger. Je suis cette boîte et elle me représente. Mais je dois partir. J'ai conscience que, du jour au lendemain, je vais me retrouver sans étiquette, sans label, sans entité morale pour me donner une stature.

Cela change-t-il quelque chose à ma valeur ? Non. Mais cela modifie-t-il mon quotidien et ma capacité à développer des projets ? Oui.

Une entreprise et la notoriété qui lui est associée mettent du vent dans nos voiles professionnelles. Elles sont le totem qui rassure. En partant, je renonce à ce totem. Mais ce départ m'offre du temps : les jours nécessaires pour réfléchir à ce que je désire faire et aux façons dont je souhaite développer mes expertises professionnelles.

Mon bilan est simple.
Je dois me démarquer sur un marché complexe, créer une nouvelle confiance, le tout pour développer ma nouvelle société. Avec peu de fonds, sinon ce n'est pas drôle.

Quel est l'élément le plus stable dans ma vie et sur lequel je peux compter ? Moi. Certes, je n'ai plus le même statut, ni les mêmes fonctions désormais. Mais mes neurones sont toujours là, de même que ma passion et mon énergie. J'aime apprendre et transmettre. Alors je m'amuse sur LinkedIn, je partage mes idées et actualités, et suis bientôt suivi par une audience exponentielle. L'amour de l'image est mon deuxième pilier. J'ai peint, j'ai été photographe. J'aime créer ces images qui me procurent des émotions vibrantes que je partage. Instagram est parfait pour exprimer cette envie très personnelle.

J'ai appris.

Avec des tutos, avec des *role models* que je suivais et qui m'inspiraient (merci Victoire Satto), avec des coachs qui m'ont éclairé (merci Géraldine Dormoy). Ai-je eu peur de me ridiculiser en postant ? À peine, et ce pour des raisons très rationnelles : si mon contenu est inintéressant, les algorithmes ne le montreront pas.

J'ai appris à parler de moi. À me découvrir face aux autres, à me montrer dans mes forces, dans ma vulnérabilité, en gardant bien sûr un jardin secret. **Oser parler de ses doutes ou de ses faiblesses est une grande force.** On ne peut imaginer combien cette sincérité attire le meilleur. Tout le monde aime savoir ne pas être le seul à douter, dans ce monde complexe.

Y a-t-il des *haters* ? Oui. Mais renoncer aux bienfaits que peuvent apporter les réseaux et le *personal branding* sous prétexte de quelques *haters* faciles à ignorer, certainement pas. Je n'en ai noté que dans mes posts atteignant plus d'un million de vues. Quand ils sont là, je les ignore. S'adresser au *hater*, c'est s'engager dans un combat de MMA où je suis sûr de perdre à tous les coups, au moins émotionnellement. Autant éviter les bleus.

Revenons à la question de l'exposition sur les réseaux. Avons-nous eu un jour besoin de trouver un nouveau travail ? Avons-nous eu besoin de recruter dans nos équipes un nouveau talent ? Avons-nous eu un jour à trouver un fournisseur précis, que nous n'avions pas dans notre réseau proche ? Avons-nous des avis politiques ou sociétaux que nous désirons exprimer aux autres ? Oui, bien sûr.

En 2023, seuls 7,1 % des utilisateurs ont publié au moins une fois au cours des trois mois précédents sur LinkedIn[1]. Pourtant, pour exister dans notre monde digitalisé, il faut savoir s'exprimer sur les réseaux, oser franchir le pas des premiers posts. Poster est une bonne façon de gagner **15 points**.

Devenez exceptionnels, montrez vos talents et vos besoins sur les réseaux.

---

1. Myriam Ouni, « Qui sont les utilisateurs de LinkedIn ? », influencecorner.fr.

8

Trier l'infinité du virtuel

Ding. Ding. Ding. *Les mails tombent dans mon BlackBerry. C'était très excitant au début, cette connexion nomade, ce lien permanent avec le monde. Mais c'est devenu épuisant. Plus j'envoie de messages, plus ils me reviennent en boomerang. Le mythe de Sisyphe appliqué au virtuel...*

Avec nos ordinateurs, le volume des données reçues et stockées semble infini.

Les premiers disques durs étaient de 3 Mo (ils sont mille fois plus performants désormais), ma première connexion internet était de 56 kbit/s (elle est dix mille fois plus puissante maintenant). Nous recevons trois fois plus de mails qu'en 2000, et si l'on ajoute les WhatsApp, SMS, Messenger... c'est l'overdose.

Adopter une méthode de rangement numérique a été un premier pas essentiel pour un quotidien serein et productif. **Le tri par le vide, ou comment faire de la place dans mon bureau virtuel.** Son encombrement est aussi contre-productif que celui d'un bureau physique désordonné. Mais son potentiel de stockage est bien plus important. Le plus simple :

- mettre en place un système de classement automatique des fichiers selon la date de dernière ouverture ;
- stocker sur un serveur les dossiers essentiels ;
- éliminer tous les fichiers de plus de 2 ans chaque année, en excluant ceux qui contiennent une forte charge émotionnelle (les photos, par exemple) ou professionnelle (les factures et les contrats).

J'ai abordé ma boîte mail avec la même méthode.

Le premier geste consiste à l'alléger des centaines de mails non lus.

En réalité, les archiver ou les conserver ne fait aucune différence avec le fait de les mettre dans la corbeille. Les laisser en « non lu » est simplement une source de stress, car ils ne seront, dans les faits, jamais traités. De plus, les garder empêche de prendre conscience du volume de mails réels qui grandit au quotidien. Quand on en reçoit dix par jour, on peut les traiter aisément, et notre boîte reste presque vide. Ce volume est gérable et « humain ». Quand on en a reçu 200 en quelques heures ou quelques jours, on est submergé. Or si nous avons déjà 4 256 mails non lus, nous ne voyons pas avec la même clarté la différence de volume quand il est passé à 4 456. Il faut donc pouvoir identifier son volume de mails et les raisons qui surchargent notre boîte pour trouver les solutions adéquates.

La deuxième clé est de ne pas passer plus d'une heure par jour dessus, tout en essayant de tendre vers le « 0 inbox », c'est-à-dire zéro mail dans sa boîte de réception.

Ma solution est simple : je commence par m'attaquer aux derniers mails reçus. Si je peux y répondre en moins de 3 minutes, je le fais. Si l'IA me propose un message, j'utilise ses suggestions. Si ma réponse à un mail devient plus chronophage et demande de la structure, mais que la situation n'est pas urgente, je programme dans mon agenda un moment pour y répondre. Ce message disparaît alors, et je m'offre la tranquillité de savoir qu'il se rappellera à moi dans le laps de temps prévu.

Je vide ainsi ma boîte systématiquement : tous les mails urgents sont traités, tous ceux qui me semblent importants le seront dans la semaine.

Et, plus globalement, j'ai cessé de les ranger dans des dossiers dédiés, sauf ceux qui ont une importance légale. Aucune notification ne doit subsister car leur présence perturbe, elle empêche de se concentrer, donne une sensation d'urgence sur un média qui n'est pas fait pour être géré avec cette instantanéité-là.

C'est un conseil de fond que je vous donne ici : **demandez-vous toujours quel est l'usage souhaitable pour chaque outil, et si votre utilisation respecte cet usage.** À ce titre, gardez à l'esprit qu'un mail est telle une lettre : un média pour lequel le temps se compte en heures, non en secondes.

Enfin, je n'oublie pas de faire le tri dans mes applications et logiciels. J'ai supprimé ceux qui ne me servaient plus, libérant ainsi de l'espace de stockage (et de l'espace mental !). Pour ceux que j'utilise quotidiennement, j'ai créé des raccourcis sur mon bureau pour gagner du temps et de l'efficacité. En adoptant une approche méthodique, j'ai pu non seulement optimiser mon espace, mais également mon temps et mon énergie. Évidemment, c'est comme à la maison : une fois qu'on a fait le grand ménage, il faut entretenir tous les jours…

Bien gérer ses mails est aussi synonyme de bien gérer les coordonnées de ses contacts. Quand je crée la fiche d'une nouvelle personne, je prends le maximum d'informations (nom, prénom, entreprise, tél, mail…). Ainsi, les échanges futurs seront simplifiés, je n'aurai plus à chercher ses données et la retrouver sur les réseaux sociaux sera aisé.

Gagnons des heures de paix en nous épargnant les mails envoyés pour rien. Et **20 points** à ne plus nous noyer dans des données sans fin.

Apprenons, pour aller à l'essentiel, à gérer ce média qui peut se stocker à l'infini.

9

S'informer, autrement

Écouter la radio en direct ou un podcast quand on veut ? Regarder la télévision ou binger *une série Netflix ? Le temps consacré à se divertir ou à s'informer s'est transformé. Nous avons désormais plusieurs modes d'écoute : choisir un canal et aimer découvrir en direct le contenu proposé (quand nous allumons France Inter, par exemple), ou choisir un contenu spécifique pour le découvrir à un moment précis. Au* XX*e* *siècle, seuls le cinéma ou les livres proposaient ces contenus immuables, attendant que nous soyons disponibles pour en profiter. Ce modèle existe désormais sur tous les supports, et ça change tout.*

Les podcasts ont transformé mon rapport à l'apprentissage.

Je parviens désormais à consacrer quelques heures à me former chaque semaine, trouvant ainsi le temps de traiter en profondeur des sujets en 15 minutes à une heure. J'écoute entre un et cinq podcasts sur les sujets qui m'intéressent et, chaque trimestre, je pars à la recherche de nouveaux qui viennent remplacer les anciens. Qui reviendront peut-être un jour dans ma vie, qui sait ?

Mais comment transformer ce temps en une véritable aventure intellectuelle, comment en faire quelque chose de plus qu'un simple fond sonore lors d'un trajet en métro ?

Voici quatre étapes pour optimiser leurs effets.

- **Je m'autorise à être sélectif :** je m'accorde 10 minutes pour évaluer l'épisode, temps suffisant pour sentir si ce dernier m'intéresse. Sinon, je passe à un autre.
- **Après l'écoute, je note mes réflexions,** sur papier ou sur mon smartphone. L'important est de garder une trace de ce qui m'a marqué. Le papier favorise les connexions intellectuelles et ancre les idées dans la mémoire, tandis que le numérique permet de sauvegarder les pensées aisément dans le téléphone.

- **Je discute de ce que j'ai appris avec un ami,** un collègue, un client. Cette étape m'oblige à clarifier mes idées, et surtout à renforcer la compréhension des sujets. Transmettre, partager est la meilleure façon d'apprendre.
- **Je réécoute certains podcasts.** Je suis chaque fois étonné de découvrir de nouvelles perspectives et idées à explorer. Ils deviennent ainsi des piliers de savoir sur lesquels je pourrai longtemps me reposer, ou des sources d'inspiration pour creuser certaines thématiques ou élargir mes horizons, par exemple avec les livres ou les publications des intervenants.

Ouvrons un lecteur à podcasts. En trois clics, nous pouvons écouter des célébrités durant des heures et atteindre un niveau d'intimité rare avec elles ; creuser des sujets avec une profondeur que seules les études supérieures pouvaient nous faire atteindre ; écouter des récits racontés avec une approche singulière du terrain, presque inaccessible.

Découvrir, se renforcer, transmettre. Les nouveaux outils comme les podcasts nous font gagner **10 points** et nous mènent sur de nouveaux chemins.

10

La fin des PowerPoint « à la con »

Je découvre PowerPoint. Je suis étudiant. J'adore, je vais pouvoir faire des présentations en cours et avoir un impact totalement différent ! Ça va être dingue de pouvoir créer cette nouvelle interaction.

J'ai adoré PowerPoint, Keynote, Google Slide ou Canva.

Je les ai tellement utilisés que j'en ai découvert tous les travers pour n'en garder que le meilleur, la substantifique moelle, et venir à bout des trop longues heures passées à concevoir une présentation finalement modérément réussie. À quoi sert un PowerPoint ? Est-ce un document écrit à lire durant une réunion ? Non. C'est un support permettant de dérouler des idées à l'oral, un appui visuel qui soutient une pensée et sert de

« pense-bête », à la personne qui parle comme à l'auditoire.

Première astuce : **commencez toujours par vous demander si c'est vraiment d'un PowerPoint que vous avez besoin.** Si vous avez surtout du texte à transmettre, utilisez un logiciel de traitement de texte. Word ou Google Docs vous aideront à poser vos idées et seront plus exigeants que des *slides* qui donnent l'illusion de la structure.

Deuxième astuce : **si vous voulez effectuer un travail collaboratif... prenez un outil collaboratif.** Par exemple Notion, Google Docs, ou tout autre support qui permettra de travailler en équipe, y compris à distance.

PowerPoint est un outil *visuel*, ce qui le rend parfait pour présenter des sujets complexes avec une forme simple, des schémas, des graphiques, ou des textes courts, simples et basiques.

Cela fait vingt ans que j'utilise les conseils de Guy Kawasaki avec la règle 10/20/30[1], que je me suis réappropriée au fur et à mesure. 10 *slides* au maximum, tel est le conseil de Kawasaki pour éviter la surcharge d'informations et se

1. Guy Kawasaki, *L'Art de se lancer. Le guide tout-terrain pour tout entrepreneur* (trad. Marylène Delbourg-Delphis), Diateino, 2015.

concentrer sur l'essentiel. J'ai transformé cette règle, en en gardant l'idée centrale : chaque diapositive doit traiter un point clé. En revanche, je ne me limite jamais à 10 *slides*. S'il y a 30 idées, j'opte pour 30 *slides*. S'il y a 100 idées, ce sera 100 *slides*. **Notre cerveau peut assimiler un nombre impressionnant d'idées si la façon de les présenter est adéquate et digeste.**

20 minutes : c'est la durée maximale d'une présentation. J'adore ce timing, que j'ai aussi réinterprété à ma convenance. Certes, personne ne sait se concentrer plus de 25 minutes de suite, ce qui rend la durée de 20 minutes idéale. Mais si on échange, si on rit, si on s'engueule, une présentation peut durer bien plus longtemps. Je prépare donc des présentations composées de parties de 20 minutes. Entre chacune, je prévois 5 minutes de pause, d'échange ou de discussion. Si un sujet requiert 90 minutes, il sera découpé en trois à quatre parties.

Dernier conseil de Guy Kawasaki : 30 points, pour la taille de la police. C'est le minimum. Ainsi, le texte prend de la place, obligeant à simplifier les mots, les phrases, les pensées. Et on sort du piège de vouloir « tout mettre ». Avec peu de mots par *slide*, les participants passent moins de temps à lire, écoutant ainsi l'orateur plus facilement, leur espace mental prêt à interagir. Les *slides* retrouvent leur fonction initiale de prompteur pour le présentateur et de tremplin propice aux échanges.

Mes objectifs sont identiques à chaque présentation : créer une base de discussion simple sur des sujets complexes, annoncer les étapes des projets pour donner une vue d'ensemble, amener du concret et de l'inspiration… Apprendre à structurer les contenus et à concevoir un *storytelling* à partir des bons outils est essentiel pour échanger.

Soyez prêts à créer des supports inspirants. Apprenez à raconter vos problématiques avec pédagogie. Utilisez les images autant que les mots pour présenter vos problèmes et transmettre vos idées. PowerPoint a plus de 35 ans. Optimisez-le et rendez-lui tout son potentiel pour gagner **10 points**. Vos réunions deviendront un vrai spectacle.

11

Le Zoom zen

11 mars 2020. Nous nous préparons à travailler à distance. Réunion de crise, nous nous formons tous aux nouveaux outils en ligne, utilisés jusqu'alors de façon disparate. L'application de communication Teams n'a que 11 millions d'utilisateurs quotidiens : elle en aura 30 fois plus 5 ans plus tard. Personne ne sait encore à quel point ces outils vont bouleverser le monde et devenir les interfaces incontournables des prochains mois. Ils seront nos seuls moyens de nous parler, nous coordonner, nous voir durant le confinement, créant de nouvelles habitudes de travail. Un saut dans le vide dans nos organisations et notre quotidien. Le télétravail va devenir un standard.

Il y a un réel bonheur à travailler chez soi.

Moins de transports, une grande flexibilité : ce mode de travail apporte des avantages indéniables. Mais cette nouvelle façon de travailler induit de nouvelles habitudes, à commencer par une bonne exploitation des logiciels de travail à distance. Or les plateformes de visioconférence sont mal exploitées. Elles nous épuisent de façon insidieuse.

Pouvons-nous nous concentrer longtemps durant ces sessions ? Non. Alors limitons les réunions à 25 minutes.

Est-il possible de créer une cohésion d'équipe, une créativité informelle ? Non. Alors **réservons Zoom aux réunions factuelles, alliant efficacité et simplicité.**

L'image et le son sont-ils de qualité ? Si ce n'est pas le cas, la réunion ne doit pas avoir lieu. Les entreprises ont l'obligation d'investir dans du matériel de qualité, et tout le monde doit avoir un débit suffisant.

Chacun est-il concentré sur la réunion et uniquement la réunion, sans double tâche ? Si la réponse est « non », nous sommes en droit de nous poser une question : sommes-nous vraiment essentiels à cette réunion ?

Une réunion « Zoom » c'est :
- une bonne connexion, un son clair et une caméra en fonctionnement ;
- un objectif clair et factuel pour être concentré durant la session, avec une réflexion analytique ;
- une durée maximale de 25 minutes pour être efficace ;
- des outils collaboratifs pour prendre des notes en direct, afin d'être d'accord sur le déroulé et la validation du compte rendu dès la fin.

Quand tout est fluide et bien organisé, ces réunions sont l'occasion de prendre un recul merveilleux. On s'écoute et on échange efficacement, avec une productivité rare.

Le télétravail vous apprend à travailler différemment, et ses bénéfices vont bien au-delà de l'économie des temps de transport, et des **20 points** apportés.

Retrouvez la joie des premiers Zoom de 2020 (et des réunions qui commencent à l'heure !).

12

Time is on my side

25 décembre 2002. Cadeau de Noël : un Palm Pilot ! Ma vie va changer avec cette découverte. Je vais arrêter de perdre mes petits agendas pour désormais tout mettre précieusement dans cet outil magique !

Les agendas se remplissent par magie.

Réunions, appels, déplacements, formation... même les contraintes personnelles figurent dans nos précieux emplois du temps. Et puis il faut gérer les affaires courantes : les mails, les projets, les urgences. On regarde ainsi son agenda se noircir, ses cases se remplir, parsemées de trous blancs. Et on se sert généralement de ces plannings comme de rappels. Or on peut aller beaucoup plus loin et faire de ces emplois du temps une clé de succès majeure pour sortir de la roue.

Le premier réflexe que je recommande est d'**avoir un agenda en ligne, coordonnant l'ordinateur et le téléphone.** Ainsi, vous l'avez tout le temps sur vous, et chaque rendez-vous peut être ajouté en deux clics.

Le deuxième est d'**inscrire absolument *tous les rendez-vous* qui durent plus de 15 minutes,** qu'ils soient professionnels ou personnels. Cela vous rendra plus légers. Mon agenda me rappelle tout, il est le copilote de mes journées.

Le troisième est d'**être exhaustif**, de marquer toutes les informations : les lieux de rendez-vous, les personnes invitées, l'objectif de chaque session. Plus je suis précis, plus je gagne du temps le jour même. Savoir systématiquement où je vais, pourquoi et comment j'y vais, élimine largement le stress et les erreurs de dernière minute. J'ajoute aussi les temps de trajet, ce qui réduit automatiquement la probabilité d'un retard.

Les agendas en ligne permettent aussi de créer des tâches régulières : par exemple, aller déposer mon fils et le récupérer le soir à l'école.

En inscrivant cette tâche dans mon agenda et en l'indiquant comme récurrente, j'ai bloqué en 2 minutes des moments essentiels consacrés à ma famille pour une année. J'ajoute à cela les tâches génériques, comme le temps pour gérer les mails – dans mon cas trois fois 30 minutes par jour –, mes 2 heures journalières de *deep work*, ainsi qu'une heure de tâches non remplies, pour me permettre de gérer les urgences, puisque j'en ai chaque jour… Au pire, ce temps me servira à me détendre !

J'évite de prendre des rendez-vous plus de 3 semaines à l'avance. Au-delà, il y a souvent des changements d'agenda. À tout planifier trop en avance, on doit « recaler » ces points en permanence. Ces allers-retours sont des pertes de temps bien inutiles.

Visualiser sur son emploi du temps toutes ses tâches aide à choisir au quotidien les actions les plus importantes et urgentes, de façon aussi naturelle qu'instinctive. Avoir une vue d'ensemble sur toutes ces actions quotidiennes et hebdomadaires permet de prioriser les actions qui sont le socle de sa vie, comme aller chercher ses enfants ou bloquer ses vacances. Prévoir des heures de *deep* *work*, de formation ou de repos nous aide à créer de nouvelles habitudes.

Prioriser, être serein, apprendre à grandir : votre agenda bien géré est devenu un pilier d'équilibre essentiel de votre vie. Il vous fait gagner **30 points**.

13

Un bon artisan a de bons outils

Écran bleu. Mon ordinateur a encore planté. Comment vais-je gérer ma journée s'il ne démarre pas ? Il faudrait que je m'en achète un nouveau, mais j'hésite. Peut-être qu'il vaut mieux attendre encore un peu pour avoir la dernière version qui sortira dans quelques mois. En plus, tout réinstaller va me prendre deux jours, je n'ai vraiment pas le temps. Je vais essayer de réparer mon ordi.

14 h 15. On vient de me voler mon ordinateur à une terrasse de café, je suis franchement en colère. Mon ami Jacques me conseille d'aller en acheter un autre. 16 h 30, j'ai entre les mains une nouvelle bécane et, sur mon compte bancaire, 2 500 euros de moins. 17 h 30, je suis prêt à bosser, il m'a suffi d'installer les

logiciels que j'ai l'habitude d'utiliser et de me connecter à mes dossiers en ligne. Bilan : j'ai perdu 3 heures et 15 minutes, et j'ai dépensé l'équivalent de deux jours de facturation de conseil.

Sans ordinateur, je ne pouvais *de facto* pas travailler. Chaque minute passée à reporter l'achat était une minute de travail perdu.

Nous avons besoin d'avoir de bons outils pour travailler correctement. Cela commence par un ordinateur en état de marche. Ça continue par des gestes simples qui permettent de gagner un temps précieux et d'éviter une vraie charge mentale.

Commençons par la gestion de vos données. Si elles ne sont pas sauvegardées sur un autre espace que votre ordinateur, vous prenez un risque infini en cas de perte de votre matériel. Une simple carte mère qui grille, et c'est la totalité des données de votre disque dur qui est perdue.

Pensons aux conséquences : récupérer vos fichiers perdus vous prendra des heures. Vous atteler à les recréer sera un véritable chemin de croix. Si vous aviez des documents comptables, leur perte peut entraîner des coûts très importants. Mais il me semble que ce que je peux perdre de plus cher, ce sont mes photos. Mon cœur serait brisé à l'idée de savoir ces images disparues, qui sont autant de souvenirs que d'émotions créatrices.

Depuis 5 ans, j'ai opéré un changement majeur dans la gestion de mes données. Tout est sauvegardé en cas de perte, sans effort ni charge mentale.

La première étape est de travailler avec des logiciels permettant de garder toutes les informations sur un cloud. Google Docs ou Office 365 seront à ce jeu de précieux alliés. Pour apprendre à les faire fonctionner, je vous conseille de commencer à partager les documents sur lesquels vous travaillez.

Arrêtons les envois de pièces jointes par mail. C'était génial en 1995. Trente ans après, on fait bien mieux. Enregistrons nos documents dans le cloud. Nous ne pourrons plus jamais les perdre, avec une connexion sur n'importe quel autre ordinateur, tablette ou mobile. Car quand on a perdu toutes ses datas, on se retrouve à courir bien vite dans la roue.

Ces outils peuvent paraître anodins mais ils ont le pouvoir de nous faire gagner un temps précieux. Prenons l'exemple de mon portefeuille ou de mes clés. J'ai beau avoir appris, avec le temps, à ranger ces objets au même endroit, il m'arrivait encore de ne pas réussir à mettre la main dessus. Je pense à trop de choses. Je m'épuisais à les chercher de longues minutes, toujours au plus mauvais moment. J'ai posé des Airtag d'Apple dessus. Cela me permet désormais de localiser ces objets en quelques secondes. Avant, je perdais 5 minutes par jour à ces recherches. Trente heures par an perdues de façon inutile et stressante à cause d'un esprit parfois évaporé.

Un esprit très sensible, qui a besoin de s'isoler du bruit. Je ne soupçonnais pas à quel point l'environnement sonore me distrayait avant d'être équipé d'écouteurs à réduction de bruit. Pouvoir se concentrer sans entendre ses voisins ou le camion poubelles dans la rue est un bonheur.

Les *business models* se sont transformés avec le cloud. La musique ne sera plus jamais pareille depuis l'arrivée de Spotify ou Deezer. Apprenez de ces nouveaux modèles, et gagnez **15 points**.

Travaillez dans les nuages, la force du cloud vous en apporte la légèreté et la sérénité.

Partie III

Together, we can do so much

Mesurons le temps passé en équipe. Combien de projets, combien de réunions, combien d'échanges réalisés chaque jour avec nos collègues, nos clients, nos fournisseurs ? La majorité de notre travail est accomplie en équipe.

Or depuis 2020, tout a changé : télétravail, outils collaboratifs, 5G, *blockchain*, intelligence artificielle… Notre façon de travailler en équipe a évolué avec le temps et l'innovation.

À garder les mêmes méthodes, nous nous épuisons. Mais **en transformant nos façons d'échanger, de collaborer, de transmettre,**

nous nous amplifions. Nous pouvons le faire en 18 étapes. Et gagner **300 points**.

Il est temps de (ré)apprendre à travailler ensemble.

1

Réunionites, mon amour

Nous sommes 25 à assister à cette réunion. Elle va durer 4 heures. Elle ne servira à rien. Je vais mourir (d'ennui).

J'ai une tristesse infinie pour tous ces cadres qui passent leurs journées en réunion.

Pourquoi y assistent-ils ? « Au cas où. »

Quand gèrent-ils leurs projets ? Le soir.

Quand traitent-ils leurs mails ? Durant ces réunions...

Ces meetings sont dévoreurs de temps et d'énergie. Mettre un terme à ces moments d'inefficacité doit être une obsession de toutes les entreprises. Nous pouvons les optimiser de toutes sortes de façons : limiter leur nombre, leur fréquence, leur durée, n'inviter que les personnes essentielles et concernées…

En quelques conseils simples :

- réduire chaque réunion de 25 %. Ainsi, celles qui devaient durer 60 minutes en dureront 45 ;
- ne jamais être plus de cinq, sauf dans des situations protocolaires et symboliques ;
- n'inviter que les participants essentiels, c'est-à-dire ayant un avis sur le sujet, un rôle central ;
- avoir effectué un travail préliminaire pour chaque réunion. Une réflexion préalable a été menée et consignée par écrit, elle a pu être consultée par chaque participant au préalable ;
- des critères de réussite sont définis, déterminant la qualité de la réunion ;
- valider, à la fin de chaque réunion, le fait que les sujets aient été étudiés de façon exhaustive. Pour cela, on répond aux questions QQOQCP (Quoi, Qui, Où, Quand, Comment, Pourquoi ?).

Une entreprise doit faire des réunions de plus de 7 personnes lorsqu'il y a un besoin d'informer toute une équipe, tout un service, toute une entreprise. Ne les faisons pas durer plus de 30 minutes – personne n'écoute au-delà. Autorisons-nous aussi à être radicaux : créons dans nos entreprises des journées sans réunions (par exemple, le mercredi). Disons adieu à ces lundis matin qui sont des tunnels de réunions. *Idem* pour les réunionites aiguës du vendredi après-midi, où l'on cherche à boucler la semaine.

Enfin, visons un objectif ambitieux : que 90 % de nos réunions se fassent à 3 personnes au maximum. **Quand une entreprise passe de 10 réunions de 2 heures à 9 personnes à 7 réunions de 45 minutes à 3 personnes, elle économise 160 heures de travail.**

Des réunions réussies sont des moments simples avec des phrases simples. Sans politique. Sans passif-agressif. Où on s'écoute, on s'explique, on répète ce qui a été dit pour mieux se comprendre et éviter tout malentendu. On se regarde pour mieux se voir. On rit, comme des enfants, on échange comme des adultes.

Ces instants de grâce et de partage vous font gagner **30 points**. Créez des réunions pour vous unir. Pas vous épuiser.

2

Trucs et astuces en plus pour réunions efficaces

Comment se fait-il qu'une personne arrive 10 minutes en retard ? Comme nous sommes déjà six à l'attendre, elle nous a fait perdre 60 minutes (6 fois 10 minutes). Ce n'est pas possible de perdre du temps comme cela.

Même avec les bons outils, les réunions peuvent rapidement être trop nombreuses, chronophages et sans efficacité.

Commençons par le bon ratio : deux réunions par jour, c'est parfait ; trois, ça passe ; quatre, c'est limite ; à partir de cinq, impossible. (Je précise qu'un point à deux, c'est aussi une réunion.) Mon astuce pour éviter les sujets qui dévorent le temps et tuent l'efficacité : dès qu'une personne lance un sujet « non urgent et pas important » (ceux qu'on adore aborder, bien sûr), je la laisse lancer cette discussion, car les échanges doivent être libres, mais je me donne des limites pour rester concentré et éviter de passer plus de 30 % de la réunion en digressions. Pour cela, j'adopte la règle des 5 × 5 : jamais plus de 5 minutes passées à échanger sur un sujet qui n'aura pas d'importance dans 5 ans.

Combien de personnes doivent être présentes à une réunion ? Première règle : n'inviter que les personnes qui ont déjà travaillé sur l'objet de la réunion. Inviter des personnes 100 % profanes, c'est transformer une réunion de travail en séance d'information. Chacun doit arriver au maximum de son niveau de connaissances et avoir eu la possibilité de s'informer au préalable.

Quel temps optimal ? Les réunions doivent être concises et productives : 45 minutes sont plus productives qu'une heure. On les remplit avec la même efficacité.

Faut-il refuser les retardataires ? Commencez la réunion sans eux. Généralement, ils arrêteront d'être en retard à la séance suivante. Tout le monde déteste rater quelque chose.

Organisez des réunions plus vivantes, plus rares, plus courtes, pour travailler *vraiment*, tout en gagnant **15 points** de plus.

3

Liste de courses

10 h 11. Je vais faire mes courses. J'ai tout en tête, c'est OK.

11 h 30. Mince, j'ai oublié le pain et les tomates. Et ma femme a aussi besoin d'huile d'olive. J'y retourne.

Tous les jours, nous jonglons entre nos responsabilités professionnelles, nos engagements personnels, nos soudaines fulgurances créatives… et les imprévus stressants.

Ces accumulations d'injonctions et d'informations, on les appelle communément la « charge mentale ». Pour y faire face, je chéris les *to-do lists* qui, alliées à un bon agenda, sont des outils très puissants.

Première étape : apprendre à se gérer soi-même. Pour traiter ces multiples sujets aux temporalités diverses, l'écrit est d'une grande aide.

Premier réflexe : noter immédiatement toute idée. L'esprit humain est faillible. Combien de fois une idée brillante vous est-elle venue à l'esprit pour être oubliée l'instant d'après ? Combien de fois a-t-on négligé une tâche demandée parce qu'elle n'a pas été immédiatement notée ? Combien de fois un rendez-vous a-t-il été manqué, étant absent de l'agenda ? « Vider sa tête » sur un support écrit, avoir l'humilité de se dire qu'on ne peut pas tout retenir et s'astreindre à la rigueur de poser ces sujets par écrit est indispensable.

Deuxième étape : estimer le temps que la réalisation d'une tâche va nous demander.

- Plus ou moins de 3 minutes ? Si la traiter immédiatement est aussi long que la noter sur un agenda, autant être proactif et s'y attaquer immédiatement.
- Si cette tâche prend plus de 3 minutes et moins d'une heure, notez-la dans votre agenda. Si vous n'avez pas de moment disponible dans votre emploi du temps et qu'elle n'est pas urgente, placez-la dans un

dossier « À faire un jour », où vous stockerez toutes vos actions futures.

- Vous avez un éclair de génie. Une envie profonde. Un rêve à réaliser. Notez-les dans le dossier « À faire un jour ». Ainsi, la graine sera plantée dans votre esprit. Elle poussera… ou pas. Mais ce premier geste est essentiel pour lui donner une chance d'exister.

Mes petits plaisirs avec les *to-do lists* : savoir ce que je vais faire demain, être satisfait et heureux de ma semaine accomplie ou enthousiaste à la perspective de la suivante, barrer de ma liste les sujets au fur et à mesure que je les ai abordés… Oui, j'adore « tirer un trait » sur ce qui est fait. Car une *to-do list* permet de visualiser non seulement ce qui reste à faire mais aussi ce qui a été accompli.

Vivre ces petits moments de satisfaction est essentiel dans un monde rempli d'urgences et d'incertitudes. Ma *to-do list* est bien plus qu'une simple énumération de tâches : c'est ma boussole vers une gestion de vie plus sereine, un engagement envers moi-même et les autres. Elle incarne cet équilibre complexe que je recherche au jour le jour, entre gérer égoïstement mon temps et honorer mes engagements envers le monde qui m'entoure.

Ces *to-do* sont des alliées de choix pour venir à bout de la procrastination. Dès que je sens que je perds du temps, je regarde ma liste. Lorsque je vois que je bloque sur une tâche depuis un moment, je fouille en moi pour trouver l'obstacle qui me fait peur – la peur est l'émotion qui nous bloque le plus. Je cherche le pourquoi, parfois le « pourquoi du pourquoi ». Quand je sens l'émotion monter, je sais que je suis dans ma vulnérabilité. Et ce n'est que lorsque je sais et ressens ce qui me fait réellement peur que je suis prêt à me lancer. Si je ne trouve pas, si je n'atteins pas mon blocage et mon émotion, je comprends que rester bloqué m'arrange pour le moment... et qu'il faut parfois accepter de ne pas avancer (tout de suite).

Entre nos biais et les envies de nouveauté qui s'agitent en nous, nous pouvons parfois perdre de vue nos priorités dans la vie. **Tenir une *to-do list* est un acte d'engagement envers soi-même.** Cela nous fait gagner plus de **10 points**. C'est reconnaître l'importance de nos propres idées et responsabilités, et nous accorder le respect et le sérieux nécessaires pour les voir aboutir. C'est ce qui nous permet de ne jamais se retourner après une semaine, un mois, 10 ans en se disant :

« Pourquoi je n'ai pas fait cela ? »

Cette phase d'introspection est une clé de management.

Elle nous est propre, ce qui ne doit pas nous empêcher de nous demander : comment fonctionner avec nos collègues, nos collaborateurs ? Car une *to-do list* ne peut se partager aisément avec son équipe. Entre les urgences qui tombent, les sujets importants et les projets à gérer, tenir une *to-do list* collective paraît mission impossible. Sitôt mise à jour, sitôt obsolète.

Pourtant, nous avons besoin de travailler de façon collaborative.

Je vais vous présenter une méthode efficace dans le prochain chapitre.

4

Simple et basique, ensemble

Réunion. Nous avons chacun des to-do lists *sur nos cahiers. On se les lit mutuellement en début de réunion. S'informer les uns les autres nous a pris plus de 20 minutes. Mais pourquoi ne les avons-nous pas partagées au préalable ? Pourquoi a-t-on besoin d'être entre quatre murs pour se forcer à échanger ? Perte de temps, manque d'anticipation, absence de recul sur nos problèmes…*

Revenons à nos *to-do lists* personnelles. Nous savons quelles en sont les urgences et les éléments importants. Mais les critères pour en juger nous sont propres. Mon degré d'importance et d'urgence est-il le même pour l'équipe ?

La première étape est de créer une *to-do* collaborative, permettant de créer des objectifs communs à l'équipe et de s'informer sur les avancées individuelles. Pour visualiser cette *to-do list*, en présentiel comme à distance, nous utilisons un logiciel de gestion de projet, Notion, par exemple. Nous y listons toutes nos tâches durant de 15 minutes à 2 heures au maximum, puis nous les inscrivons dans une colonne que nous appelons « À commencer ».

Ensuite, chacun d'entre nous explique aux autres ce qu'il souhaite mettre en œuvre dans les prochaines 24 heures. On déplace alors ces tâches à réaliser dans la colonne « 24 heures ». Généralement, il y a peu de tâches à déplacer car on ne peut pas en accomplir mille dans une journée. Nous avons en moyenne 8 tâches à mener par jour. Si nous sommes 3 à la réunion, la colonne sera remplie alors de 24 tâches.

Puis vient le tour des tâches à réaliser au cours de la semaine. Celles-ci sont importantes et moins urgentes : on les place donc dans une colonne nommée « Dans la semaine ».

Il restera toutes celles qui n'ont pas été commencées… qu'on laissera dans la colonne « À commencer ».

Voici un template Notion pour tester la méthode :

Bilan : tout le monde sait ce qu'il doit faire dans la journée.

Nous avons la liste de ce qu'il faudra réaliser dans la semaine et un aperçu de ce qui peut attendre. C'est simple, c'est clair. *Go*. Fini les « je ne savais pas », les « on ne me l'avait pas dit » ou les « ça, c'est plus urgent ».

Cette réunion et ces *to-do lists* collaboratives sont les deux piliers d'une méthode permettant à tous d'être coordonnés sur la vision à court et à moyen termes et sur les tâches à réaliser. On se garantit un niveau d'information optimal car tout est conservé à l'écrit, tout en gardant une grande humanité dans l'échange grâce au dialogue.

Ces méthodes d'organisation collective nous font gagner **20 points**, ainsi que beaucoup d'efficacité et une paix sociale profonde.

5

Bulle créative

Tant de choses pourraient être améliorées dans notre quotidien au travail. Nous avons tous tellement d'idées… Tant à partager ! Tant à créer ! Et si on passait à côté de l'idée du siècle ?

Désormais, vous avancez dans vos tâches jour après jour, guidés par les colonnes « À commencer », « 24 heures » « Dans la semaine ». Les équipes sont coordonnées. Ça roule. Mais certaines tâches « À commencer » restent à l'état de projets… Sont-elles urgentes ?

Non, sinon vous les auriez accomplies.

En ne les inscrivant pas dans votre agenda, vous avez trouvé le temps de gérer des dizaines d'urgences. C'est très gratifiant. Sont-elles importantes ? Sans doute pas. À moins que d'autres le soient plus, tout simplement.

Quand, au bout de 6 semaines, je n'ai toujours pas géré ces tâches, je fais un nouveau tri simple :

- Soit elles sont stratégiques, mais je ne peux pas encore les lancer : dans ce cas, je les range dans la colonne « À faire un jour ». Elles y seront au chaud. Cette colonne deviendra votre boîte à idées. Un jour, vous passerez, peut-être de l'envie à la concrétisation.
- Soit les tâches en question n'étaient pas majeures, et elles méritent d'être oubliées. Toutes nos idées ne méritent pas la même attention. Parfois elles étaient le fruit d'une pulsion, d'une envie trop superficielle. Nous avons le droit de les supprimer sans nous sentir frustrés de ne pas les réaliser.

Cette boîte à idées vous fera gagner **10 points**, elle allégera votre esprit de ces pensées parfois trop lourdes, elle sera le réceptacle de nouveaux projets futurs ambitieux, elle est un nouvel avenir, parfois un peu lointain.

Trier permet de trouver la sérénité par le vide et par la planification.

6

La kiffance

Énième comité de direction qui s'ouvre par cette phrase assassine : « Bon, c'est quoi, les nouvelles emmerdes ? » Est-ce vraiment cela, travailler en équipe ?

Ne travailler que pour gérer les problèmes est insupportable. L'épanouissement dans le travail vient dans l'équilibre entre le positif et le négatif.

Contrairement à ce que l'on croit, il est facile de se faire plaisir à chaque réunion dès les premières minutes. Revenons sur les colonnes « 24 heures ». Elles sont remplies de tâches qui viennent d'être effectuées. Première satisfaction : indiquer dans une colonne « Réalisé » ce que nous avons fait. Déplacer une tâche dans cette colonne appartient au même type de satisfaction que barrer les tâches de sa *to-do list*.

La joie d'avoir fini

En réunion, il est essentiel de partager des ondes positives.

En présentant nos réalisations, nous sommes fiers de ce que nous avons fait. Cela nous donne des instants de kiff essentiels à notre motivation. Ces moments nous permettent, en équipe, de sentir concrètement le chemin sur lequel nous faisons avancer la boîte et de suivre notre rythme, de vivre nos forces, individuellement autant que collectivement.

Une fois nos réalisations partagées, on peut les déplacer dans une colonne « Archives ». Soit pour les garder comme trophées… soit pour les réutiliser pour une mission similaire plus tard.

Gagnez **15 points** de fierté, de cohésion d'équipe, de sourires partagés.

Savoir se féliciter chaque jour de ce qui a été accompli est une machine à bonheur quotidienne, réjouissante et facile d'utilisation.

7

Bloqué

Nous avons tous vu dans nos entreprises des objets qui n'ont jamais fonctionné. Une machine à café toujours en panne ou une chaise au dossier cassé, par exemple. Bilan, ils font partie du paysage et on s'habitue à cette incongruité. Et si c'était pareil pour certains projets ?

Parfois ça bloque.

Nous avons une tâche à faire dans les 24 hcurcs, mais cllc n'avancc pas. Nous attcndons une information d'un collègue, la validation d'un manager, le retour d'un client, la réalisation d'un prestataire. Problème : ce blocage ne dépend pas de nous. Et il peut ralentir toute l'équipe durant des jours et même des semaines si on n'y prend garde.

Il faut observer ce blocage de façon stratégique. Il est un grain de sable qui enraye toute la belle machine et peut coûter des heures de procrastination. Alors, en équipe, après avoir partagé les tâches réalisées, attaquons-nous à ces problèmes. Ils n'en ont peut-être pas l'air, car ils sont parfois tout petits, mais ils sont d'une grande importance car leur impact peut être lourd. Il est l'heure de créer la colonne « **À débloquer** ».

Cette colonne de problèmes qu'on ne pourra débloquer qu'en équipe.

Cette colonne deviendra **un accélérateur majeur pour l'entreprise.** Débloquer ces points libérera les énergies, démontrera à chacun que tout problème a une solution et que nous pouvons tout réaliser à condition de nous y atteler. Résoudre des problèmes individuels ensemble pour renforcer la cohésion de groupe donne un leadership très affirmé à l'équipe. **Chaque solution trouvée amplifie la croissance de l'entreprise. Elle libère les énergies. Elle donne un état d'esprit conquérant. Elle supprime les frustrations.**

Débloquer les problèmes donne **25 points**. C'est une des actions les plus efficaces à la bonne gestion de son équipe et de son entreprise.

8

J'attends

J'ai l'impression que rien n'avance. Pourtant, parfois le temps a fait son œuvre et des tâches qui étaient en suspens se résolvent d'un coup. Mais comment puis-je faire la différence entre la nécessité de faire preuve de patience et le besoin de venir à bout d'un manque de motivation destructeur ?

Que faire des tâches qui ne peuvent pas encore être finalisées mais qui ne bloquent pas tout ?

Créez une colonne nécessitant de s'armer de patience. Nous l'appellerons « **Attente** ». Elle est le lieu de ces tâches qui attendent une information ou une validation tout en étant annexes.

Quand il devient urgent de s'y atteler, il vous sera simple de les faire glisser dans la colonne « À débloquer ».

Si elles ont pu être concrétisées, elles iront dans la colonne « Réalisé ». Colonne qui, chaque fois qu'elle est augmentée, vous fait gagner **10 points** et autant de sérénité.

L'attente, quand elle est acceptée, quand elle est consignée, devient apaisante.

9

Prévoir l'imprévisible

J'avais prévu mille projets en 2020. Et puis il y a eu le Covid.

J'avais anticipé mille autres projets en 2022. Et puis il y a eu la guerre en Ukraine, l'explosion de l'inflation.

Etc.

Quelle sera votre vie dans un an ?

Amusez-vous à prévoir ce que vous voulez avoir fait à certaines échéances, et notez-le sur un papier.

Un an plus tard, regardez ce que vous avez fait. L'écart est immense. Pourquoi ? La plupart du temps, parce que nos priorités et l'importance que nous donnons aux choses créent des phénomènes aléatoires, impossibles à anticiper. Et puis il y a le hasard pur, celui qui change tout, et il ne fait pas toujours bien les choses. Qui aurait pu prévoir la guerre en Ukraine ? Le Covid ? Une dissolution de l'Assemblée ? La maladie d'un proche ? Une démission ?

Ensemble, en équipe, notre mission est de prévoir ce qui peut être prévu.

Prenons le temps de réunir et de réfléchir.
- Que fait-on demain (marge d'erreur 10 %) ?
- Que fait-on dans la semaine (marge d'erreur 20 %) ?

En tentant d'atteindre 100 % de nos objectifs tous les jours, nous pouvons être proches de 90 % de réussite. En cherchant à apprendre de nos erreurs chaque semaine, nous pourrons être proches d'un résultat quasiment parfait.

Vigilance : il suffit de peu pour casser cette spirale vertueuse d'apprentissage et de sérénité. Créer des montagnes russes, à viser trop haut, nous fait tomber encore plus bas. De même, faut-il consacrer du temps à déterminer des objectifs ou à mettre cette même énergie à être opérationnels sur des sujets réels ? Est-il si utile de se fixer des objectifs à 3 ans quand des événements imprévisibles tels que la guerre en Ukraine, la pandémie du Covid et autres cygnes noirs ont le pouvoir de tuer toutes les prévisions ? Pensons à notre moral.

Nous nous fixons des objectifs avant tout pour nous rassurer. Si nous ne pouvons les atteindre, nous générons une frustration peu agréable et une angoisse paralysante. Pour se sortir de ces états, notre cerveau travaille constamment à de nouvelles prévisions. Nouvelle perte de temps, et nouveaux cercles vicieux. Chaque échec renforce notre aversion pour la perte, chaque déception abîme le moral des troupes.

Pour nous donner des objectifs aussi ambitieux que réalistes, fixons-nous, en équipe, des missions à atteindre en 6 semaines. Cela nous fera gagner **20 points**.

L'avenir, c'est loin. Alors visons juste.

10

Le long terme, c'est 6 semaines

« Complètement d'accord avec toi ! Mais on devrait attendre 2 ans, le temps que toutes les conditions soient réunies. »

Pourquoi est-on persuadés que le futur sera rose ? Le futur ne se construit-il pas aujourd'hui ?

Nous l'avons vu, 6 semaines pour se donner des objectifs est le bon timing.

Cela ancre notre besoin d'être dans la réalité, avec une touche de désirs et de rêves. Viser les objectifs, cela se pilote. Cela demande d'être au plus près des équipes pour vivre avec elles, mais avec la distance suffisante pour ne pas entrer dans le micromanagement. Connaître leurs actions sans les fliquer. Les féliciter pour créer de la fierté. Savoir créer des objectifs partagés par tous a le pouvoir immense de donner du sens au travail de nos équipes.

Pour cela, les objectifs doivent être explicités. Pourquoi ont-ils été créés ainsi, quels problèmes résout-on ? Comment les a-t-on construits, pourquoi sont-ils lancés maintenant ? Quelle est l'équipe qui doit gérer les projets et qui y fera quoi ?

Ensuite, on décompose les obstacles menaçant la réalisation de l'objectif afin d'imaginer des façons de les contourner en équipe. Enfin, on n'oublie jamais de définir les critères de réussite de l'objectif.

Mettez ce programme en place en créant des objectifs à 6 semaines puis, une fois qu'ils sont validés et que les plans d'action sont en place, décomposez semaine après semaine les étapes. L'équipe va vivre une nouvelle aventure, être fière de réussir collectivement – et, 6 semaines après, fêter ce succès et s'en féliciter ! Tout en gagnant **25 points**.

Sortir de la roue du hamster n'est rien de plus que la concrétisation de nos idées : ensemble, nous pouvons réaliser des projets qui auraient été inimaginables en étant seuls. **Le pouvoir apporté par le groupe, le sentiment d'être connectés et la réalisation des objectifs** sont trois clés de ce bonheur collectif.

11

Dimanche soir

Dimanche soir. Blues. Mélancolie ou anxiété ? J'ai bossé ce week-end, et je vois bien que je n'ai pas vraiment profité de ces deux jours. Demain, lundi, je vais essayer de rattraper. Bosser à fond pour tout arranger.

Ce n'est pas une jolie soirée, le dimanche soir.

Nous avons tous vécu ce moment suspendu et souvent assez difficile à gérer : le fameux « blues du dimanche soir ».

Il fait référence à ce sentiment de tristesse, de mélancolie ou d'anxiété qui survient, souvent à la fin du week-end, lorsque l'on anticipe le retour au travail. Au fur et à mesure des années, j'ai réussi à transformer ce moment en antichambre d'une semaine réussie, le tout en 30 minutes.

Voici mon remède anti-blues du dimanche soir. La première clé est de **ne pas avoir travaillé pendant au moins un jour dans le week-end**. J'ai ainsi pu me reposer, profiter de mes enfants, de ma chérie, de mes amis, ou juste pris du temps pour moi.

La deuxième étape est de consacrer 30 minutes à préparer ma semaine et celle de mon équipe. Je préfère le faire chaque dimanche soir, vers 18 heures ou 21 heures, d'autres le font le vendredi soir, certains, le samedi… Je suis concentré durant ce moment aussi intense qu'important. Pas de distraction, ni télé ni écran. Je cherche à vivre par anticipation la semaine qui arrive.

Je prends mon agenda, déjà rempli de nombreuses tâches à réaliser. Je les consulte toutes en validant des détails : visio ou présentiel, temps de trajet éventuel, etc. Je valide intérieurement ces réunions et les éléments périphériques qu'elles induisent pour mieux les préparer : y a-t-il des documents à lire avant, des sujets à étudier ? Je note le temps de préparation dans l'agenda pour chaque future rencontre. J'évalue aussi la nécessité réelle de ma présence. Suis-je un acteur clé de ce rendez-vous ? Enfin, j'ajoute à mon agenda des moments de détente, de plaisir ou d'élévation. Lecture, sport, cinéma, dîners, rencontres.

Puis vient le moment de préparer le travail de mes équipes. Je consulte leurs tâches respectives notées dans nos outils collaboratifs – Notion, pour notre part.

Ces 30 minutes de concentration et d'anticipation me font gagner en recul et en sérénité. Elles me font aussi gagner **15 points**. Chaque dimanche soir, elles sont la condition de ma future tranquillité.

Le calme se crée dans l'anticipation. Même en 30 minutes.

12

Le matin est le moment magique

Je viens de me réveiller, mon téléphone est dans mes mains. Je suis déjà virtuellement au bureau. Je lis mes mails, j'identifie les urgences, je gère les problèmes auxquels je n'ai pas pu m'attaquer hier, avec un œil sur Instagram. J'ai l'impression d'être un pompier qui trouve un feu à éteindre dès qu'il a les yeux ouverts.

Le proverbe dit que l'avenir appartient à ceux qui se lèvent tôt.

Certains se vantent d'ailleurs de se lever à 4 heures du matin pour faire une heure de footing, se baigner dans des eaux gelées et sauver le monde. Longtemps, j'ai eu besoin de ma dose d'adrénaline chaque matin. Tel un drogué, je me jetais sur mon BlackBerry pour lire mes derniers mails, ou ouvrais mon ordi tout en prenant mon petit déjeuner. J'ai cherché à être en lien avec la Terre entière tous les matins, histoire de me lancer encore dans des aventures passionnées, des idées enflammées et nouvelles, alors que celles qui étaient en cours n'étaient pas encore abouties.

Se lancer dans cette vie ultra-matinale ou s'abrutir de travail n'est pas une façon d'avoir une vie sereine.

Structurer mes matinées a été ma clé vers l'efficacité et la sérénité. Désormais, les premières minutes de mon travail sont consacrées à mes collaborateurs. Je me suis toujours considéré comme un petit maillon de la chaîne, à l'impact opérationnel faible, mais avec un pouvoir d'entraînement fort sur mon équipe, mon entourage et mon réseau. À l'inverse, j'ai conscience d'avoir un fort pouvoir d'inertie si je ne réponds pas à leurs demandes. Un collaborateur devant faire les frais de notre inaction perdra des heures de travail à cause de notre manque de réactivité, il lui faudra trouver des solutions alternatives, questionner d'autres personnes et user de leur temps… Pour les mêmes raisons, une équipe mal briefée sur un objectif s'épuise à chercher comment avancer.

Être à la disposition de vos équipes est une base, la condition nécessaire d'un bon fonctionnement si vous voulez de l'efficacité, de la sérénité, de la reconnaissance, de la gratitude. Et si vous voulez gagner **20 points**.

Soyez le rouage aussi essentiel que serein de votre équipe. Soyez là pour elle, dès le matin.

13

Les casquettes du manager

« Plus tard, je veux être chef », ai-je répondu, à 6 ans, quand on m'interrogeait sur ce que je voulais faire quand je serais grand.

Mais qu'est-ce que c'est, être chef ? Encadrer, entraîner, responsabiliser, former, interagir, sanctionner, recruter, recadrer… Que de rôles dans ce rôle. Y a-t-il des priorités dans ces responsabilités ?

Tout entrepreneur ou manager a trois casquettes complémentaires.

- **Inventeur**, il crée les systèmes d'organisation de ses équipes, visant un meilleur fonctionnement, une communication plus fluide, moins de points de frottement.
- **Opérationnel**, il produit, exécute, crée, en particulier sur des terrains qui lui sont propres. Certains continuent à faire du code

informatique, d'autres, à cuisiner... Personnellement, j'ai toujours été le premier commercial de mon entreprise.

- Enfin, il est le **prestataire ultime**, celui qui gère des tâches subsidiaires à défaut de pouvoir les déléguer. Chaque entrepreneur devient ainsi le Shiva des missions exceptionnelles que personne ne saurait réaliser, à part lui.

Commencer ma journée par mieux « inventer » l'entreprise me permet *in fine* d'alléger mon emploi du temps en travaillant à un nouveau mode d'organisation qui améliorera la productivité de tous et leur donnera une puissance grandissante.

Il y a des années, je commençais mes journées par les tâches les plus ingrates, celles de « prestataire ». Je partais du principe que commencer par le pire me permettait d'éviter de procrastiner. Bilan : la perspective de me rendre au bureau pour faire le pire de mon métier n'était pas ma meilleure source de motivation...

Le rôle d'inventeur permet à l'entreprise et à soi-même de gagner du temps et de la valeur, offrant à chacun plus d'amplitude et à la boîte de recruter plus rapidement. Ce qui permet de déléguer peu à peu les tâches opérationnelles et de prestataire. En faisant cela, nous gagnons **15 points**.

Inventons-nous la vie que nous méritons.

14

La fin des ordres du jour

La boîte grandit, nous sommes plus de 50. Je vais de réunion en réunion sans avancer sur un seul sujet concret. Ça parle, ça papote, ça échange. On dirait un club d'adolescents qui se coordonnent en permanence pour changer le monde ou organiser une soirée. Mais quand est-ce que je bosse, moi ?

C'est la maladie des organisations. La réunionite aiguë.

Je la vois chez certains de mes clients et, sincèrement, c'est flippant. Des réunions à deux, à quatre et jusqu'à 30 personnes. Amusez-vous à calculer le temps de parole de chacun. Certains, durant des réunions de 2 heures, parlent entre 2 et 5 minutes. Certains se taisent (à jamais).

D'autres monopolisent le temps, avec des logorrhées sans fin.

Il faut revoir cela et **apprendre à avancer seul pour mieux avancer en équipe.**

La première étape est de trouver l'équilibre entre le temps passé en solo et celui consacré à collaborer. J'ai longtemps cru, moi aussi, que multiplier les réunions était la clé d'une meilleure productivité et d'une meilleure collaboration. Jusqu'au jour où j'ai pris conscience du fait que **passer 80 % de ma journée enfermé dans des salles de réunion était tout sauf productif.** Je me suis vite aperçu que l'équilibre idéal était de consacrer, à l'inverse, 80 % de mon temps à des tâches individuelles et les 20 % restants à des moments collectifs. Comment trouver cet équilibre quand les réunions semblent se multiplier sans trêve avec des managers, véritables nouveaux Jésus de l'entreprise ?

J'ai opéré des réductions dans tous les sens. J'ai commencé par diminuer l'impact des réunions que j'organisais. Pour cela, la préparation d'une réunion est stratégique – car combien de préparations de réunion ne font pas déjà elles-mêmes l'objet d'une réunion ? (C'est un mouvement infini.) **Préparer parfaitement une réunion est un mythe.** J'ai cherché pendant des années à avoir des ordres du jour exhaustifs. C'est une chimère. Ils ne sont pas suivis dans 50 % des cas, souvent parce qu'une urgence est tombée entre-temps. Pourtant, une réunion a besoin d'être cadrée, et il est essentiel de créer un historique pour chacune.

Imaginez un monde où les ordres du jour des réunions ne seraient plus à prévoir.

Je vous invite à reprendre les colonnes de votre agenda, créées dans les chapitres précédents : « À commencer », « 24 heures », « Dans la semaine », « À faire un jour ». Dans chacune, chaque tâche est déjà inscrite, décrite, détaillée, documentée.

Avons-nous besoin d'ordre du jour ? Non, tout cst déjà inscrit. À chaque réunion, quand nous cherchons un sujet auquel nous attaquer, nous n'avons qu'à chercher dans les colonnes « 24 heures », « À débloquer », etc. Chaque tâche y est renseignée, et les problématiques déjà inscrites.

Avec les bons outils, nous pouvons faire gagner de précieuses heures de travail aux managers, et créer de belles synergies, en gagnant **15 points**.

Les ordres du jour ne sont que les vestiges du passé. Vivons le présent.

15

Tous ensemble, mais pas en même temps : l'asynchrone

Souvenons-nous, durant le confinement. Nous étions tous séparés. De quelques arrondissements ou plusieurs centaines de kilomètres. Nous allions devoir plus que jamais nous coordonner avec une fiabilité parfaite pour dépasser cette épreuve – et ne pas nous laisser dépasser par elle.

Un lieu dans lequel différents individus exécutent, alignés, le même geste simultané et dans une harmonie parfaite, ce n'est pas une entreprise : c'est une galère.

Le mimétisme, la réalisation de tâches répétées à l'infini ne sont pas de véritables solutions face à notre besoin de nous parler, de nous coordonner et de gérer les projets qui s'accumulent.

Nos demandes sont plus complexes que cela. En effet, nous avons besoin de retours parfois immédiats, ou à l'inverse de longs temps de réflexion. De jets de créativité commune et instantanés ou d'espace, de bulles protectrices. **Nous avons besoin d'entendre des voix, de croiser des regards, de vivre des silences.** Ou de rester dans un moment de silence aussi intense que profond pour en faire naître des projets complexes et réfléchis.

Le monde allant de plus en plus vite, les problématiques étant de plus en plus complexes, ces besoins me paraissent de plus en plus importants.

Je crois au travail en équipe. Je crois en cette force issue d'échanges riches, de nos altérités qui fondent les socles du futur. Pour créer cette synergie, nous devons allier flexibilité, autonomie, productivité, concentration, géographies multiples et qualité des échanges. Avez-vous déjà testé une réunion à 12 personnes ? Trois parlent, trois regardent leurs mails, trois dorment et trois autres observent la scène en s'envoyant des textos. Sans compter que, pour trouver le moment où les douze sont disponibles au même moment, il a fallu des semaines d'anticipation.

La solution : **créer des organisations asynchrones, c'est-à-dire qui n'exigent pas une disponibilité immédiate de tous les membres d'une équipe** – sauf lors de rituels essentiels.

La magie de l'asynchrone : chacun d'entre nous a des créneaux de productivité maximale, par exemple lors de moments de *deep work*.

Mais comment permettre à chacun de trouver ces moments dans des journées où les réunions se multiplient ? Comment travailler avec des équipes à cheval sur des fuseaux horaires différents ? Comment rester concentrés lors de visioconférences interminables, où la tentation de traîner sur les réseaux sociaux ou de faire du multitâche est constante ? Pourquoi organiser des réunions demandant une réflexion profonde sur certains sujets, sans avoir laissé le temps aux participants d'en appréhender les tenants et aboutissants au préalable pour leur permettre de proposer la meilleure réponse ?

La solution a deux visages : créons des espaces et des organisations permettant de travailler seuls, mais réunis par des canaux communicationnels écrits et oraux. Cela nous fera gagner **20 points**.

16

Envoyer des mails tue

Je viens de recevoir un mail sur un projet qui est un modèle de confusion. Trente personnes sont dans la boucle de ce message (pour autant qui suivent ce projet) auquel chacune réagit successivement à ce qui a été écrit par les autres, utilisant une couleur différente pour s'identifier. Un arc-en-ciel de confusion psychédélique.

Arrêtons les successions de mails inutiles. Apprenons à fonctionner dans le calme et à faire nôtres les forces de l'écrit et des nouveaux outils digitaux.

Comment être plus réactifs, plus qualitatifs, plus solidaires ? Je vous ai déjà parlé des vertus d'une organisation asynchrone. Mais comment procéder ? Chacun de son côté, pour mieux se retrouver ? Pour mettre en place cette organisation, je procède en 5 étapes.

La première est la **prise de conscience**. Prenons la dernière semaine de votre agenda et mesurons le temps que vous avez passé et perdu en réunions : combien de sessions où votre présence était facultative, où vous n'avez pas donné d'informations cruciales, ni rien appris que vous n'auriez pu remplacer par la lecture d'un compte rendu ?

Prenons votre messagerie et mesurons le nombre d'échanges de mails qui auraient pu être réglés facilement soit par un coup de fil, soit par des écrits mieux structurés. À la suite de ces erreurs stratégiques, mesurons combien de coups de fil urgents ont été passés pour rattraper ce temps perdu qui ne se rattrape pas. Nous mesurons ainsi très bien comment, au nom d'une recherche de synchronicité, on oblige les gens à passer un temps infini en réunion ou à répondre dans la minute à des mails. Tout cela a pour seul effet d'augmenter le niveau de stress global dans l'entreprise.

Cet état des lieux effectué, passons à la deuxième étape en nous fixant un objectif simple : **tout le monde doit être informé des avancées de la boîte, au quotidien**, en 3 points :

- les réalisations sont partagées, pour se donner des kiffs ;
- les points bloquants sont étudiés ;
- les urgences sont traitées et placées dans l'agenda.

Ainsi, on s'assure que les projets sortent à l'heure, au meilleur rythme.

Tout cela est-il possible par mail ? Non : les messages électroniques sont loin d'être le support le plus pertinent pour communiquer en temps réel. Ils sont des courriers envoyés à un instant T sans que l'on sache quand ils seront lus. Si on attend une réponse à un moment précis, le mail ne permet jamais d'avoir le bon rythme.

Un appel, un message WhatsApp ou SMS, ainsi qu'une rencontre dans un bureau le permettent. Mais les SMS sont courts, et les paroles s'envolent. Souvent, les projets méritent une certaine exhaustivité et ont besoin d'échanges écrits, car les écrits engagent. Les mots montrent la qualité des réflexions.

Pour créer et consigner tout cela, il existe des outils magiques. Les outils collaboratifs permettent en effet un partage infini et une correction immédiate. Avec des plateformes de collaboration comme Notion ou des outils de partage de documents comme Google Drive, tout ce pour quoi vous écriviez avant un mail à votre collègue, tout ce qui existait dans un ordre du jour ou dans un compte rendu et que vous indiquiez en pièce jointe est désormais accessible en permanence.

Mais si on note tout dans des outils consultables par tous, tout le monde va tout savoir ? Non, bien sûr, car les informations peuvent être restreintes à un cercle limité de personnes, voire gardées pour vous. Les avantages de la transparence sont néanmoins importants. Plus on partage, plus l'entreprise est performante grâce aux savoirs qu'elle a su rendre communs.

La mise en place de ces outils collaboratifs est la troisième étape vers un mode de travail qui renforce les équipes.

La quatrième étape concerne **la transformation des rythmes**. Fini les journées avec des réunions à la queue leu leu, fini les urgences trop nombreuses : on diminue leur nombre, pour mettre en place un système où l'emploi du temps de chacun est choisi, où sa sérénité est respectée.

On peut alors se concentrer au moment le plus opportun pour soi. Sur le plan collaboratif, on arrête de subir les flux d'information et de sollicitations : on gère les informations dont on a besoin pour son propre cheminement, au rythme voulu. La cadence que je préfère : 80 % de travail asynchrone et 20 % en équipe, en visant à ne jamais dépasser 1 h 30 de réunion par jour, ni deux à trois réunions.

Car ces réunions, physiques comme virtuelles, restent indispensables. Se parler pour partager, s'écouter pour se comprendre, créer de l'informel pour voir les signaux faibles. Et puis, si les malentendus sont connus, les « mal lus » existent aussi. Les mots écrits peuvent parfois paraître trop durs, les tons, trop fermes (ou ambigus).

La cinquième et dernière étape, essentielle, consiste à **avoir 30 minutes de véritable échange hebdomadaire** avec ses collaborateurs directs, pour être à leur écoute sur toutes leurs demandes et leurs réalisations de la semaine. Si vous avez quatre collaborateurs directs, trouvez 2 heures à leur consacrer. Pour chacun, ce seront peut-être les 30 minutes les plus riches de la semaine, celles qui lui permettront d'être entendu, cette reconnaissance donnant une force intérieure unique. J'adore ces 30 minutes, qui sont de vrais moments d'échange qualitatif. La régularité et la fréquence permettent d'avoir tous les projets en tête et d'éviter que des problèmes stagnent. Et ces 30 minutes sont des moments authentiques où la parole est partagée.

Chaque semaine, cet échange permet de parler concrètement, de travailler en équipe, ensemble. Après ces 30 minutes de synchronicité réelle, chacun peut repartir travailler de son côté, de façon asynchrone. Ces nouvelles méthodes vous feront gagner **15 points**.

Travailler ensemble, seuls et coordonnés, c'est possible. Mais seulement avec de la méthode et des bons outils.

17

Tous ensemble, ouais, ouais

Nous sommes 70 dans la boîte. Ça part dans tous les sens. Nous n'avons jamais été aussi nombreux et aussi peu ensemble. Entre la frustration, les malentendus, les incompréhensions, le quotidien est un enfer.

On connaît tous la force du collectif. Mais parfois, on l'oublie, motivés par des envies personnelles.

Le travail en équipe permet de regrouper toutes les compétences. **La synergie crée une productivité et une efficacité magiques. On peut s'aider, se remplacer, se compléter.** C'est ensemble qu'on s'encourage à penser différemment, à explorer des perspectives nouvelles et à proposer des solutions innovantes. Une équipe crée un sentiment d'appartenance, une force collective invisible – ou presque. À se compléter, on se corrige mutuellement.

Désormais, le télétravail s'est généralisé dans toutes les entreprises. Avancée importante face aux contraintes de transport, par exemple, mais qui s'accompagne d'une baisse des interactions physiques. Comment éviter que la contrainte d'avancer ensemble se brise sur le besoin de liberté de chacun ? Comment respecter l'autonomie tout en permettant à tous d'avancer ensemble, sereinement et collectivement ? Comment sortir une entreprise de la roue du hamster, en permettant à tous d'avancer ensemble et sereinement ?

Tout dirigeant se doit de créer et communiquer une vision ainsi que des objectifs clairs. Je m'oblige, tous les 18 mois, à inscrire ces tâches dans mon emploi du temps. Si l'on ne parvient pas à y faire adhérer les équipes, avoir une vision pour son entreprise n'a que peu d'utilité. Je m'assure donc que chaque membre de l'équipe comprend et adhère à ces objectifs. Comment ? Je vise les moments clés : les premiers jours dans l'entreprise, dans un premier temps, puis chaque réunion – si le sujet s'y rattache. Mon objectif est que, petit à petit, cette vision infuse et devienne une évidence. Concrétiser cette vision commune se fera par un travail d'équipe aussi serein qu'efficace.

Les deux piliers pour avancer ensemble : créer un espace de travail commun et reconnaître les accomplissements de chacun. Quand le climat de l'entreprise permet à chaque membre de montrer ses avancements, de partager ses blocages, on se sent écouté, respecté, valorisé et engagé. Cette reconnaissance renforce l'engagement et la motivation, où la somme des réussites individuelles crée les succès collectifs.

L'environnement de travail influence la dynamique de groupe. Un espace de travail collaboratif permet ainsi à chacun d'échanger et de collaborer dans un cadre propice à la coopération : avec des informations claires et une réelle transparence. Avec la généralisation du télétravail, nous avons désormais besoin d'outils collaboratifs qui assurent la qualité des échanges réalisés lors de nos réunions sur Teams, Google Meet ou dans une salle de conférences.

Mon outil préféré, pour créer cet engouement, reste Notion. Il permet de limiter les mails internes (puisqu'on se donne toutes les informations sur la plateforme), de hiérarchiser chaque sujet avec les feuilles de route.

Cet outil a de nombreux avantages : nous pouvons y noter tous nos projets et y suivre les avancées de chacun. Notion est aussi un CRM, un outil de gestion capable de suivre tous nos contacts. Il a une messagerie en interne. Enfin, il se connecte à la majorité des applications utilisées dans les entreprises. Son exhaustivité en fait un outil parfait pour gérer 95 % des tâches et remplacer tous les échanges par mail.

Notion vous donne une excellente vision de l'avancement de tous les projets, jour après jour, semaine après semaine… ou de ce qui naîtra, un jour, peut-être. Tout en gagnant **20 points**, pour toujours.

De la vision, du rythme, du concret. Tout pour sortir de la roue du hamster.

18

Accepter (la fin)

Allez-vous encore accepter de dire « oui » à tous ceux qui vous demandent de vous sacrifier ?

Allez-vous passer la journée sur votre téléphone à vous abrutir de vidéo sans sens ?

Allez-vous rester une machine à pondre des mails au kilomètre ?

Allez-vous rester dans ces réunions, à hocher la tête pour vous empêcher de vous endormir ?

Sortir de la roue est un chemin vers un équilibre simple et délicat, entre la capacité à se retrouver soi, l'aptitude à gérer les nouveaux outils digitaux et celle à comprendre comment travailler en équipe dans un monde en constante évolution.

Ce chemin nous pousse à **réfléchir au type de vie que nous voulons mener, aux valeurs que**

nous souhaitons privilégier. Il nous promet la possibilité d'une existence où, plutôt que d'accélérer notre course sans fin, nous retrouvons le plaisir de construire, de travailler, d'exister.

J'espère que ce livre vous aura permis de gagner du temps, que chaque chapitre vous aura fait économiser de nombreuses minutes d'efficacité, que mes conseils vous auront donné une force nouvelle... Mais il reste une dernière étape.

Savoir perdre du temps.

Accepter de perdre quelques minutes dans la queue d'un magasin tout en restant calme et présent. Vivre un instant de métro bloqué comme un moment que les étoiles nous envoient pour contempler nos voisins. Regarder patiemment son enfant jouer, sans se perdre dans son téléphone.

Car au fond, sortir de la roue, ce n'est pas uniquement rechercher l'optimisation du temps. C'est accepter le temps lui-même, ce temps qui passe... et peut-être ainsi gagner un peu plus de vie, pour éprouver chaque jour, chaque heure, chaque minute comme s'ils étaient uniques, aussi éphémères dans leur existence qu'éternels dans la trace qu'ils imprimeront dans nos souvenirs.

Conclusion

Le pourquoi du comment

Il y a quelques années, je n'étais pas bien heureux au quotidien. Je ne créais plus rien. Pas de photos, pas d'idées nouvelles, pas de visions du futur. Je me posais constamment la question : « Comment faire pour retrouver ce goût de créer ? »

Je savais que c'était en arrêtant de courir et de vouloir tout maîtriser. Mais je n'y arrivais pas. La frustration était mon quotidien. Celle de ne pas aller assez vite, de ne pas être assez créatif, de ne pas avoir assez de temps ou celle de procrastiner quand j'en avais, d'être en retard sur les objectifs que je m'étais fixés, ce qui était d'autant plus contradictoire que je m'étais promis d'arrêter de fixer des objectifs à la c…

Année après année, j'ai eu la chance d'avoir de plus en plus de responsabilités. Du lancement de ma première boîte, à 20 ans, jusqu'à la présidence de la Fédération du prêt-à-porter féminin, en passant par la direction de ma start-up avec 100 collaborateurs, chaque année m'a apporté son lot de nouveaux enjeux. J'ai toujours voulu « réussir ». Pas matériellement, seulement par envie de bien faire. Échouer ne me convient pas (je mesure le manque d'humilité de cette phrase, mais aussi l'illusion qu'elle représente).

Cela m'a perdu. Car plus je suis allé vite et loin, plus mes problèmes ont grossi. À vouloir tout contrôler, j'allais droit vers l'implosion. Mes besoins de contrôle, de certitudes, de réassurance me dévoraient l'esprit. Fatigue, épuisement, puis migraines. J'ai dû m'abrutir de médicaments pour tenir, subissant alors les effets secondaires violemment. J'ai appris que, si on peut avoir un ou deux coups d'avance, il est impossible d'en avoir dix, cinquante ou mille. Que notre besoin de contrôle nous perd. J'ai appris à lâcher. À accepter l'erreur, pour mieux réagir, pour mieux apprendre. J'ai appris à être en paix. À avancer dans mon travail avec autant de sérénité, de calme que de force. À vivre ma vie personnelle avec autant de passion que de tranquillité. À ressentir bien plus d'émotions positives en dépassant les accidents inévitables de la vie.

Pour gérer les émotions associées aux problèmes vécus, comme la colère ou la tristesse, j'ai commencé par écrire toutes mes pensées, qu'elles soient de douces envies, des colères noires ou des idées tristes. J'ai fait cela chaque jour, noircissant un journal intime de mes mots. L'un des cahiers dans lesquels j'écris m'a été offert le jour mon anniversaire, comme une invitation à croire dans le futur, dans le présent et en moi ; il est devenu un magnifique cadeau pour ma vie. Poser les choses sur le papier vide mon mental trop encombré. Cela m'apaise, presque instantanément.

Dans ce cahier, j'ai découvert que j'avais mis en place des nouvelles habitudes au fur et à mesure des années. Que j'avais appris à m'occu per de moi, à sortir de l'enfer digital dans lequel nous entrons, à mieux travailler en équipe. Qu'après avoir eu la sensation de courir durant des années, je pouvais allier une vie professionnelle accomplie et un quotidien serein. Que la route pouvait aller à mille à l'heure, mais qu'il était possible de regarder le paysage et de sentir qu'on est sur le bon chemin.

J'ai rassemblé toutes ces nouvelles habitudes. Je les ai partagées autour de moi, le plus souvent quand mes proches me demandaient conseil pour relever la tête, pour vivre mieux. Certains m'ont expliqué que ces mots apaisaient leurs maux, qu'ils les avaient sortis de la roue dans laquelle ils étaient depuis des années sans parvenir à s'en échapper.

Pour mieux les partager, je les ai écrits. Chaque conseil est devenu plus clair, plus fort. Et leur somme est devenue ce livre. Un livre que j'ai voulu simple, accessible, facile à appliquer. Pour que chacun ait les outils pour enfin sortir de la roue. Pour que chacun puisse, s'il le souhaite, entraîner son entourage dans son sillage, et diffuser de la sérénité autour de soi.

Envie de partager à votre tour ? Le premier conseil est simple. Montrez qu'il n'est pas possible de changer sa vie en un jour. Mais si nous changeons nos journées, nous finirons par changer notre vie. Alors, donnez-vous à vos enfants.

Soyez l'amoureux que vous avez envie d'être. Vivez le travail que vous aimez accomplir. Soyez l'ami que vous vous voudriez avoir.

Choisissez-*vous*, chaque jour.

Retrouvez la table des 1 000 points de vie, pour suivre votre avancée à chacun des chapitres, à l'aide du QR code ci-dessus.

Remerciements

Un grand merci à mes enfants, votre amour, vos envies, vos besoins, m'ont amené à me construire pour le meilleur. Ma sœur, mes parents, vous avez été un cocon d'amour et de créativité essentiel pour m'apprendre à déployer mes ailes.

Je dois des remerciements éternels à tous mes associés, Johan, Patrick, Pierre, David, Candice et Bernard. Grâce à vous, nos entreprises sont nées, ont grandi, et avec elles nous avons tant appris. Pour accompagner la croissance, pour dépasser les épreuves, j'ai dû me dépasser et aller toujours plus loin. Ces 52 étapes du livre sont une synthèse sincère de ces apprentissages.

Ma plus grande épreuve dans l'écriture a été d'être vrai et authentique. J'ai pu trouver cette sincérité tout spécialement grâce à Roland ; nos centaines d'heures d'échanges, votre humour, votre sensibilité, votre expertise m'ont permis d'avancer sur ce chemin en thérapie. Rachel, tu as su me donner la main pour faire les premiers pas et lancer ce projet à merveille. Victoire, ton talent et ton amour ont été deux sources inépuisables d'inspiration.

J'ai cité dans ce livre de nombreux auteurs, et vous avez été bien plus nombreux à m'élever grâce à vos écrits, comme Timothy Ferriss, Michael Ballé, Regis Médina, Eliyahu M. Goldratt, Christian Morel, Richard Bandler, Simon Sinek, David Allen, Eric Ries, Gene Simmons, Paul Watzlawick, Isaac Getz. Merci à vous tous.

Merci à tous mes clients, à tous mes amis, à tous mes collaborateurs. Votre confiance, votre écoute, vos conseils m'ont permis de tester, améliorer, pérenniser mes actions pour sortir de la roue du hamster.

Ce livre va évoluer, avec des nouvelles étapes. En me suivant sur LinkedIn, Substack ou Instagram, vous aurez tous mes nouveaux conseils.

Merci à vous d'être allés jusqu'à la fin de ce livre. Si vous mangez du poulet ou si vous aimez les pâtes à la tomate, sachez que je travaille depuis trente ans ces recettes avec les méthodes du livre. Alors pour vous remercier, je vous propose de découvrir comment je les mijote en scannant ce QR code :

Car pour sortir de la roue, rien de tel qu'un bon dîner avec des amis !

Bon appétit !

Table

La flemme

Le monde a changé, pas nous 15

Partie I
Je m'occupe de moi

1. *Free* 21
2. L'art de dire « non » 24
3. Et moi, et moi, et moi 30
4. Mettez votre masque à oxygène
avant d'aider les autres 32
5. *Back to basics* 34
6. *I go to sleep* 37
7. *Stop and go* 41
8. *I'm gonna learn how to fly* 44

9. 5, 4, 3, 2, 1, *go* 47
10. Urgent 53
11. *If you start me up, I'll never stop* 58
12. Trop d'infos tue 61
13. *In the long run, we are all dead* 64
14. *You're the first, the last, my everything* 67
15. Faire moins et mieux 73
16. Les écrits restent 75
17. *The Edge of Glory* 77
18. *Try* 81
19. *Le Grand Bleu* 85
20. Je marche seul 91
21. *The workaholic* 94
22. Sentir son corps 97
23. *Pure and easy* 100

Partie II
Les outils digitaux ne se manient pas en *swipant*, mais avec la tête et le cœur

1. Petite Poucette tueuse d'idées 109
2. *Lose yourself* 113
3. Outlook et Gmail :
je vous aime, moi non plus 117

4. Les newsletters : une, ça va, dix, bonjour les dégâts 121
5. *A message to you* 124
6. #JeQuitteLesRéseauxSociaux ? 129
7. Quand j'serai K.-O. 132
8. Trier l'infinité du virtuel 136
9. S'informer, autrement 141
10. La fin des PowerPoint « à la con » 144
11. Le Zoom zen 148
12. *Time is on my side* 151
13. Un bon artisan a de bons outils 155

Partie III
Together, we can do so much

1. Réunionites, mon amour 163
2. Trucs et astuces en plus pour réunions efficaces 166
3. Liste de courses 169
4. Simple et basique, ensemble 174
5. Bulle créative 177
6. La kiffance 179
7. Bloqué 181
8. J'attends 184
9. Prévoir l'imprévisible 186
10. Le long terme, c'est 6 semaines 189

11. Dimanche soir 192
12. Le matin est le moment magique 195
13. Les casquettes du manager 198
14. La fin des ordres du jour 201
15. Tous ensemble, mais pas
en même temps : l'asynchrone 205
16. Envoyer des mails tue............................ 208
17. Tous ensemble, ouais, ouais.................. 214
18. Accepter (la fin)..................................... 218

Conclusion. Le pourquoi du comment.......... 221
Table des 1 000 points.................................... 227
Remerciements 229